15분 집중의 힘
1등 하는 **공부 습관**

용선생 15분
세계사 독해

3권
근대 편

사회평론

안녕! '용쓴다, 용씨!' 용선생이야.
독해 실력이 좋아야 공부를 잘할 수 있다는 것, 잘 알고 있지?
독해력은 하루아침에 길러지지 않아. 매일 꾸준히 갈고닦아야 해.
선생님이랑 이번에는 세계사 이야기를 함께 읽어볼 거야.
날마다 한 편씩 세계사 인물과 사건 이야기를 읽고 문제를 풀다 보면
독해력은 물론 어휘력도 길러지고 세계사 실력도 자랄 거야.
자, 그럼 세계사 독해를 시작해 볼까?

① 날마다 세계사 인물 이야기 읽기!

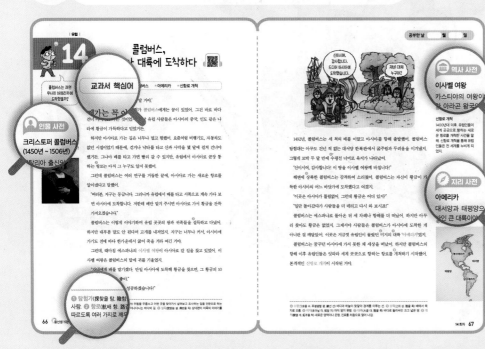

내 이름은 장하다! 세계사에
등장하는 인물들의 생생한 대사와
재미있는 그림을 보니 마치
그 시대에 들어와 있는 것 같아!

세계사 필수 인물들의 재미난 이야기를 읽어 볼 거야. 중학교 역사 교과서에 나오는 **교과서 핵심어**를 정리해 두었으니 이것만은
꼭 알아두자! 인물 사전 을 보면 해당 인물에 대해 더 자세히 알 수 있어. 중요한 역사 용어는 역사 사전 을 통해 꼼꼼히 살펴보자!
낯선 지역은 지리 사전 을 보며 어디인지 확인해 봐! 지문 속 숫자가 표시된 낱말은 지문 아래 **어휘 풀이**를 보면 정확한 뜻을 알 수 있어.

② 독해 학습으로 세계사 다지고, 어휘 학습으로 어휘력 키우기!

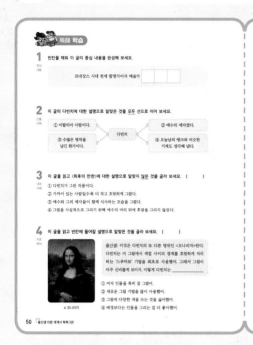

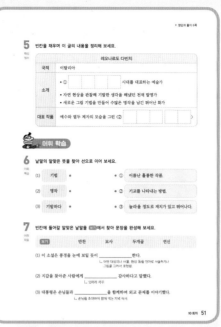

안녕, 난 나선애야!
다양한 유형의 문제를
풀다 보면 교과서 핵심어가
머릿속에 쏙쏙 남아!

후훗, 난 왕수재! 나처럼
독해 박사가 되고 싶은 친구는
어휘 학습 문제도 꼭 풀어 봐!

문제를 풀면서 내용을 확인해 보자. 중심 내용 찾기, 인물 이해, 지도 읽기, 자료 해석, 핵심 정리 등 **다양한 유형의 문제를 풀다 보면 교과서 핵심어가 머릿속에 깊이 새겨질 거야.** 마지막 어휘 학습 문제를 풀며 독해 필수 어휘도 복습해 보자. **독해의 기초인 어휘력이 쑥쑥** 자랄 거야.

③ 재미난 퀴즈로 복습하기!

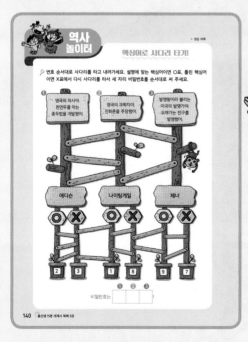

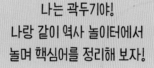

나는 곽두기야!
나랑 같이 역사 놀이터에서
놀며 핵심어를 정리해 보자!

한 주 동안 공부한 핵심어들을 재미난 퀴즈를 풀며 떠올려 보자.
역사 놀이터에서 핵심어로 보물 상자 찾기 등을 하며 읽은 내용을
재미있게 복습할 수 있어.

🎧 인물 이야기를 음원으로 듣기!

나는 허영심!
QR 코드를 검색해 세계사
인물 이야기를 들어 봐!

전문 성우들이 세계사
인물 이야기를 실감나게
들려줄 거야! **듣기만 해도
세계사가 머릿속에 쏙쏙**
들어올걸?

이 지도는 현대 국가와 그 국가의 문화권을 기준으로 제작하였습니다.

북극해

유럽

노르웨이 스웨덴
독일 폴란드
프랑스 우크라이나
이탈리아
파냐 그리스 튀르키예
지중해 이라크 이란 아프가니스탄
알제리 리비아 이집트 파키스탄
사우디
아라비아
니제르 수단 인도
차드
나이지리아 남수단 에티오피아
카메룬
콩고 민주 케냐
공화국 탄자니아
앙골라 잠비아
나미비아 짐바브웨 마다가스카르
남아프리카
공화국

러시아

카자흐스탄 몽골

중국 대한민국
일본

미얀마 태평양
태국
베트남 필리핀 아시아

인도네시아

아프리카

인도양

오스트레일리아

오세아니아 뉴질랜드

남극해

남극 대륙

용선생 15분 세계사 독해 **차례**

중국과 일본에 큰 나라들이 잇따라 생겨났대.
어떤 사람들이 활약을 펼쳤는지 알아보자!

1주

1392년 조선 건국
1443년 훈민정음 창제
1636년 병자호란

1368년 명나라 건국
1405년 정화의 항해 시작
1592년 임진왜란 발발
1603년 에도 막부 성립
1616년 청나라 건국

회차	학습 내용	교과서 핵심어	교과 연계	학습 계획일
01	**홍무제,** 황제의 권위를 높이다	★ 홍무제 ★ 명나라 ★ 중국 ★ 홍건적의 난	【중학 역사 I】 3. 지역 세계의 교류와 변화 ② 동아시아 지역 질서의 변화	월 일
02	**정화,** 아프리카까지 항해하다	★ 정화 ★ 명나라 ★ 조공	【중학 역사 I】 3. 지역 세계의 교류와 변화 ② 동아시아 지역 질서의 변화	월 일
03	**도요토미 히데요시,** 임진왜란을 일으키다	★ 도요토미 히데요시 ★ 일본 ★ 조선 ★ 임진왜란	【중학 역사 I】 3. 지역 세계의 교류와 변화 ② 동아시아 지역 질서의 변화	월 일
04	**도쿠가와 이에야스,** 일본을 한 손에 거머쥐다	★ 도쿠가와 이에야스 ★ 일본 ★ 에도 막부	【중학 역사 I】 3. 지역 세계의 교류와 변화 ② 동아시아 지역 질서의 변화	월 일
05	**누르하치,** 여진족을 하나로 뭉치다	★ 누르하치 ★ 중국 ★ 만주족 ★ 청나라	【중학 역사 I】 3. 지역 세계의 교류와 변화 ② 동아시아 지역 질서의 변화	월 일
역사 놀이터	**핵심어로 비밀 숫자 찾기!**			

01

홍무제, 황제의 권위를 높이다

가난한 농민이 황제가
되다니 대단하네!
홍무제는 명나라를
어떻게 다스렸을까?

홍무제
(1328년 ~ 1398년)

중국 명나라를 세운 첫 번째
황제야. 원래 가난한 농민이
었지만, 온갖 고생 끝에 황제
자리까지 오른 사람이지.

| 교과서 핵심어 | ★홍무제 ★명나라 ★중국 ★홍건적의 난 |

홍무제는 명나라의 첫 번째 황제야. 홍무제는 원래 가난한 농민이었어. 어릴 적에는 굶주리는 게 일상이었고, 먹고살기 위해 구걸까지 한 적도 있었지.

그런데 홍무제가 어른이 되었을 때, 중국에서 홍건적의 난이 일어났어. '홍건'은 붉은 두건이란 뜻이야. 반란을 일으킨 사람들은 모두 붉은 두건을 머리에 두르고 있었기 때문에, 이들을 '홍건적'이라 불렀지.

"우리 모두 썩어 빠진 나라를 뒤엎고 새로운 나라를 세웁시다!"

"오랑캐인 몽골족이 세운 원나라를 무너뜨립시다."

홍무제도 홍건적의 난에 가담했어. 홍무제는 처음에는 낮은 지위의 병사였지만, 차근차근 공을 세워 홍건적의 총대장 자리에 올랐지. 그리고 마침내 중국을 장악하고 명나라를 세웠어. 오랜 고생 끝에 황제가 된 홍무제는 늘 불안했지.

'내가 가난한 농민 출신이라 나를 얕잡아 보고 황제 자리를 노리는 신하가 있을지도 몰라. 누구든 황제의 권위에 도전하는 자들은 용서하지 않으리라.'

홍무제는 황제의 권위를 아주 높게 세우기로 다짐했어. 자신의 말을 조금이라도 거역하는 사람들은 불같이 화를 내며 잡아들였고, 일단 잡혀간 사람들은 매번 큰 벌을 받았지. 목숨을 빼앗기는 일도 아주 흔했어.

"황제 폐하, 반란을 꾀하는 사람들이 있다고 하옵니다!"

"뭐라고? 내 그럴 줄 알았다. 철저히 조사하여 잡아들여라!"

누군가 반란을 꾸민다는 소식이 들리면, 홍무제는 그 가족과 친척, 친구들까지 모두 잡아들였어. 그래서 한 사람이 반란죄로 잡혀갈 때마다 수천, 수만 명이 함께 잡혀가 죽임을 당했지. 궁궐에서는 하루도 비명이 가실 날이 없었어.

"아휴, 불안해서 살 수가 있나?"

---

❶ 구걸(求구할 구, 乞빌 걸) 남에게 돈이나 먹을 것, 물건 등을 거저 달라고 비는 것. ❷ 가담(加더할 가, 擔멜 담) 같은 편이 되어 일을 함께하거나 도움. ❸ 장악(掌손바닥 장, 握쥘 악) 손안에 잡아 쥐듯 무엇을 마음대로 할 수 있게 됨. ❹ 거역(拒막을 거, 逆거스를 역) 윗사람의 뜻이나 명령을 듣지 않음.

나에게 맞서는 놈들은 용서하지 않을 것이다!

"모두 황제 폐하 눈 밖에 안 나도록 몸 조심하세!"

신하들은 혹시나 무슨 꼬투리라도 잡힐까 벌벌 떨었어. 결국, 보다 못한 손자가 홍무제를 찾아가 간청했지.

"할아버지, 세상 사람 모두가 할아버지를 두려워합니다. 목숨은 소중한 것이니 제발 사람을 그만 죽이십시오."

그러자 홍무제는 손자에게 가시가 잔뜩 박힌 몽둥이를 건네주며 말했어.

"그 몽둥이를 잡아 보아라."

"가시가 너무 많아서 잡기 힘듭니다."

손자가 쩔쩔매며 대답했어. 홍무제는 낮은 목소리로 말했지.

"황제 자리란 그 가시 박힌 몽둥이와 같은 것이다. 나는 지금 그 가시를 모조리 없애는 중이다."

손자는 그제야 홍무제의 뜻을 알아챘어. 홍무제는 몽둥이의 가시를 뽑듯이, 황제의 권위에 도전하는 사람을 모두 없애야 황제가 나라를 잘 다스릴 수 있으리라 생각한 거야.

홍무제는 30여 년 동안 명나라를 다스렸어. 그동안 황제의 권위는 높아졌고, 나라는 안정되었지. 이후 명나라는 250년이 넘도록 중국을 다스리며 강력하고 부유한 나라로 이름을 날렸어.

 역사 사전

명나라
(1368년 ~ 1644년)
몽골이 세운 원나라를 몰아내고 한족이 중국 땅에 새롭게 세운 나라야.

---

❺ 조사(調고를 조, 査조사할 사) 자세히 살펴보거나 찾아봄. ❻ 비명(悲슬플 비, 鳴울 명) 일이 매우 위급하거나 몹시 두려움을 느낄 때 지르는 소리. ❼ 꼬투리 이야기의 실마리 혹은 남을 헐뜯을 만한 거리. ❽ 간청(懇간절할 간, 請청할 청) 간절히 청함. ❾ 부유(富부유할 부, 裕넉넉할 유) 재물이 많고 살림이 넉넉함.

1 이 글의 중심 내용으로 알맞은 것에 ○표 해 보세요.

중심
내용

① 반란을 일으킨
홍무제

② 신하들에게 인기가
많았던 홍무제

③ 황제의 권위를
높인 명나라의 홍무제

☐   ☐   ☐

2 이 글의 홍무제에 대한 설명으로 알맞은 것을 <u>모두</u> 골라 보세요. (,   )

인물
이해

① 부유한 귀족 출신이었다.

② 명나라를 세우고 첫 번째 황제가 되었다.

③ 어렸을 때 먹고살기 위해 구걸을 하였다.

④ 홍건적의 반란에 맞서 싸워 공을 세워 병사가 되었다.

3 이 글의 내용과 일치하면 ○표, 일치하지 않으면 ✗표 해 보세요.

내용
이해

(1) 홍건적은 머리에 흰 두건을 둘렀다.   (   )

(2) 신하들은 홍무제에게 꼬투리라도 잡힐까 두려워했다.   (   )

(3) 홍무제는 자신의 권위에 도전하는 신하에게 상을 내렸다.   (   )

(4) 홍무제가 신하들을 마구 죽이자, 보다 못한 손자가 반란을 일으켰다.   (   )

4 이 글을 읽고 밑줄 친 가시에 대해 알맞게 말한 사람을 골라 보세요. (   )

추론

홍무제: 황제의 자리란 <u>가시</u> 박힌 몽둥이와도 같은 것이다. 나는 그 가시를 없애는 중인
것이야.

① 하다: 황제의 의자에 박힌 가시를 의미해.

② 선애: 황제에게 도전하는 사람들을 의미해.

③ 영심: 홍무제가 과거에 저지른 잘못을 의미해.

④ 수재: 홍무제의 가난했던 어린 시절을 의미해.

5 빈칸을 채우며 이 글의 내용을 정리해 보세요.

핵심
정리

> 가난한 농민 출신으로 나라를 세우고 첫 번째 황제가 된 ① ⬚⬚⬚ 는 사
>
> 람들이 황제의 지위를 넘볼 것을 걱정했다. 그는 자신에게 도전하려는 신하들을 모조리 없
>
> 애 황제의 권위를 높이고 ② ⬚⬚⬚ 를 잘 다스릴 수 있었다.

어휘 학습

6 낱말의 알맞은 뜻을 찾아 선으로 이어 보세요.

어휘
복습

(1) 가담 •

(2) 장악 •

(3) 간청 •

• ① 간절히 청함.

• ② 같은 편이 되어 일을 함께하거나 도움.

• ③ 손안에 잡아 쥐듯 무엇을 마음대로 할 수 있게 됨.

7 빈칸에 들어갈 알맞은 낱말을 보기에서 찾아 문장을 완성해 보세요.

어휘
적용

보기	구걸	거역	조사	비명	꼬투리	부유

(1) 마을에 도둑이 들자, 경찰은 마을 주변을 샅샅이 ＿＿＿＿＿＿＿했다.
　　　　　　　　　　　　　　　　　ㄴ 자세히 살펴보거나 찾아봄.

(2) 동생은 내가 하는 말마다 괜히 ＿＿＿＿＿＿＿를 잡고 신경질을 부렸다.
　　　　　　　　　　　　　　ㄴ 이야기의 실마리 혹은 남을 헐뜯을 만한 거리.

(3) 깊은 밤, 찢어지는 듯한 ＿＿＿＿＿＿＿ 소리에 마을 사람들이 놀라 뛰쳐나왔다.
　　　　　　　　　　　　ㄴ 일이 매우 위급하거나 몹시 두려움을 느낄 때 지르는 소리.

02

정화, 아프리카까지 항해하다

배를 타고 명나라에서 아프리카까지 갔다니, 정말 대단해! 그런데 정화는 어쩌다 해외로 떠나게 되었을까?

 인물 사전

정화
(1371년 ~ 1435년)

중국 명나라의 관리야. 황제의 명령을 받아 함대를 이끌고 아프리카까지 항해했어.

교과서 핵심어 | ★정화 ★명나라 ★조공

명나라의 황제는 세상 모든 나라가 명나라 앞에 머리를 숙이게 하고 싶었어. 하지만 아직 바다 건너 머나먼 세상에 어떤 나라가 있는지는 자세히 알지 못했지. 그래서 황제는 정화라는 신하를 멀리 해외로 파견했어.❶

"황제의 명령이다. 너는 바다 너머 세상 끝까지 나아가, 명나라가 얼마나 대단한 나라인지 전하고 오라!"

황제의 말에 정화는 허리를 숙이며 대답했어.

"알겠습니다. 명령을 받들겠습니다."

정화는 이슬람교를 믿는 집안에서 태어났어. 정화의 아버지는 머나먼 이슬람교의 성지인 메카까지 여행을 다녀온 적도 있었지. 정화도 바다 건너 낯선 세상에 대해 많은 것을 알고 있었어. 그래서 명나라의 황제는 정화에게 이 일을 맡겼던 거야.

'이제껏 세상 그 누구도 본 적 없는 거대한 함대를 만들어야 해.'❷

정화는 공들여 함대를 준비했어. 위대한 황제의 위엄을❸ 세상 끝까지 알리려면 함대도 매우 웅장해야❹ 했거든.

정화는 운동장만큼이나 커다란 배를 60척이나 만들었어. 선원은 2만 명이나 됐지. 배에는 비단과 도자기 같은 중국의 값진 보물도 가득 담았어. 정화의 함대는 당시 전 세계를 통틀어 가장 거대하고 화려했어.

"이제 출발하자! 서쪽으로 머나먼 나라까지 가는 거다."

1405년, 정화의 함대는 중국을 출발해 동남아시아로 향했어. 정화의 거대한 함대를 본 동남아시아 사람들은 입이 떡 벌어졌지.

"저게 명나라에서 온 배라는 거지? 무시무시하구먼!"

---

❶ 파견(派물갈래 파, 遣보낼 견) 일정한 임무를 주어 사람을 보냄. ❷ 함대(艦큰 배 함, 隊무리 대) 여러 척의 배로 이루어진 군대. ❸ 위엄(威위엄 위, 嚴엄할 엄) 위세가 있어 의젓하고 엄숙한 태도나 기세. ❹ 웅장하다(雄수컷 웅, 壯장할 장) 건물, 자연, 경치, 예술 작품 같은 것이 거대하고 우람하다.

동남아시아의 왕들은 명나라 황제에게 잘 보이려고 저마다 무릎을 꿇고 조공을 바쳤어. 귀한 향신료를 바친 나라도 있고, 신기한 동물을 바친 나라도 있었어. 정화는 그 대가로 비단과 도자기를 선물로 하사했지.[5]

"황제께서 내리는 선물이오. 앞으로도 명나라에 충성을 맹세하시오."

"감사합니다! 황제께도 말씀 잘 전해주십시오!"

정화의 함대는 동남아시아를 지나 인도까지 항해했어.[6] 그리고 1407년에 돌아왔지. 정화는 그 후로도 모두 일곱 차례에 걸쳐 항해에 나섰어. 항해를 할 때마다 점점 더 서쪽 먼 곳으로 향하던 정화의 함대는 마침내 아프리카에 도착했어. 아프리카 사람들도 정화의 거대한 함대에 거듭 감탄했지.

"명나라는 정말 엄청난 나라로구나!"

정화의 항해를 계기로 명나라의 이름은 세계 곳곳에 알려졌어. 명나라 사람들도 중국 바깥에 어떤 나라가 있는지 알게 되었지. 일부 명나라 사람들은 먹고살 길을 찾아 정화가 다녀온 동남아시아로 가기도 했어. 정화의 항해를 계기로 이런 사람은 점점 늘어났지. 그래서 오늘날 인도네시아, 태국, 말레이시아 같은 동남아시아의 나라에 중국 사람들이 많이 살고 있는 거야.

 역사 사전

조공

옛날에 작은 나라가 크고 힘센 나라를 형님 나라로 모시며 예물을 바치던 일을 의미해. 옛날 중국은 주변 작은 나라들에게 조공을 받곤 했어.

지리 사전

메카

오늘날 사우디아라비아에 있는 도시야. 이슬람교가 탄생한 도시이자 이슬람교의 성지로, 이슬람교도는 태어나서 한 번은 다녀와야 하는 곳이야.

[5] 하사(下아래 하, 賜줄 사) 임금이 신하에게, 혹은 윗사람이 아랫사람에게 물건을 줌. [6] 항해(航배 항, 海바다 해) 배를 타고 바다 위를 다님.

1 이 글의 중심 내용으로 알맞은 것을 골라 보세요. (   )

중심
내용

① 거대하고 화려했던 명나라 함대

② 아프리카의 존재를 알게 된 명나라 황제

③ 명나라에 조공을 바친 동남아시아 사람들

④ 항해를 통해 세계 곳곳에 명나라의 이름을 알린 정화

2 이 글의 정화에 대한 검색 결과로 알맞은 것을 골라 보세요. (   )

인물
이해

| 정화 ▼ 🔍 |

① 명나라의 신하였다.

② 불교를 믿는 집안에서 태어났다.

③ 중국 곳곳을 돌며 황제의 위엄을 전했다.

④ 아버지를 따라 메카를 여행한 적이 있었다.

3 이 글의 정화가 쓴 편지예요. 이 글의 내용과 일치하지 <u>않는</u> 것을 골라 보세요. (   )

내용
적용

> ### 위대하신 명나라 황제 폐하께
>
> 폐하, 저는 ① <u>수십 척의 배를 이끌고 머나먼 나라로 향하는 길입니다.</u> 가는 길에 만난 ② <u>동남아시아 사람들은 명나라의 거대한 함대를 보고 감탄했습니다.</u> ③ <u>황제 폐하께 잘 보이기 위해 향신료를 바친 나라도 있었습니다.</u> ④ <u>아프리카는 너무 멀어서 가지 못했습니다.</u> 제가 돌아가는 그 날까지 건강하시길 바랍니다.

4 지도를 보고 대화를 나누었어요. 이 글의 내용과 일치하지 <u>않는</u> 것을 골라 보세요. (   )

지도
읽기

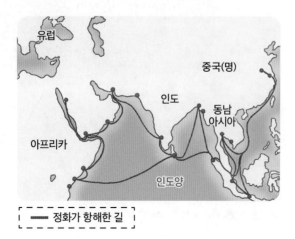

── 정화가 항해한 길

① 선애: 아프리카까지 명나라의 이름이 알려졌을 거야.

② 하다: 유럽 각국의 왕들은 정화를 만나 조공을 바쳤을 거야.

③ 두기: 정화는 중국 서쪽으로 배를 몰아 인도에 도착했을 거야.

④ 수재: 인도 사람들은 정화의 거대한 함대를 보고 놀랐을 거야.

5 빈칸을 채우며 이 글의 내용을 정리해 보세요.

핵심
정리

① ☐☐ 의 항해		
목적	황제의 명령을 받아 ② ☐☐☐ 의 위엄을 떨치기 위해서	
다녀온 곳	동남아시아, 인도, 아프리카 등	
한 일	• 모두 일곱 차례 해외를 항해하며 명나라를 널리 알림. • 동남아시아 지배자들에게 조공을 받음. • 항해를 통해 명나라 사람들에게 바다 밖 세상을 알려줌.	

어휘 학습

6 낱말의 알맞은 뜻을 찾아 선으로 이어 보세요.

어휘
복습

(1) 파견 •

(2) 함대 •

(3) 하사 •

• ① 여러 척의 배로 이루어진 군대.

• ② 일정한 임무를 주어 사람을 보냄.

• ③ 임금이 신하에게, 혹은 윗사람이 아랫사람에게 물건을 줌.

7 보기 에서 알맞은 낱말을 찾아 밑줄 친 말을 바꾸어 써 보세요.

어휘
적용

보기	위엄	웅장하다	항해

(1) 해군이셨던 아버지께서는 아주 먼 곳까지 <u>배를 타고 바다 위를 다니셨다.</u>

➡ 해군이셨던 아버지께서는 아주 먼 곳까지 ( )하셨다.

(2) 황제는 나이가 어린데도 <u>위세가 있어 의젓하고 엄숙한 태도나 기세가</u> 있었다.

➡ 황제는 나이가 어린데도 ( )이 있었다.

03 도요토미 히데요시, 임진왜란을 일으키다

도요토미 히데요시는 대체 왜 조선을 침략한 거지? 정말 화가 난다!

도요토미 히데요시
(1537년 ~ 1598년)
일본의 지도자야. 오랜 세월 분열돼 있던 일본을 통일하고, 조선을 침략해 임진왜란을 일으켰어.

| **교과서 핵심어** | ★도요토미 히데요시　★일본　★조선　★임진왜란 |

일본을 다스리던 정부[1]의 힘이 약해지자, 각 지방에서 힘센 무사[2]들이 서로 나라를 차지하겠다며 전쟁을 일으켰어. 무사들은 저마다 다른 무사를 물리치고 일본 최고 권력자가 되려고 피나는 다툼을 벌였지. 그중에 도요토미 히데요시란 무사도 있었어. 도요토미 히데요시는 꿈이 큰 사람이었지.

'언젠가는 내가 일본 최고의 권력자가 될 것이다!'

그런데 다른 무사들은 도요토미 히데요시를 우습게 봤어. 도요토미 히데요시는 집안도 별 볼 일 없고 싸움도 잘하지 못했거든. 하지만 머리가 좋아서 누구보다 작전[3]을 잘 짜는 사람이었지. 도요토미 히데요시는 중요한 전투마다 꾀를 내어 차근차근 적을 물리쳤고, 마침내 모든 경쟁자를 무릎 꿇리고 일본의 최고 권력자가 되었지.

도요토미 히데요시는 콧대[4]가 한층 높아졌어.

"나는 빈손으로 시작해 일본을 통일했다. 이제 중국의 명나라까지 정복해 온 세상을 다스릴 것이다!"

우리가 그렇게 쉽게 무릎 꿇을 줄 알았느냐!

하지만 중국으로 가려면 먼저 조선을 지나야 했어. 도요토미 히데요시는 이참에 조선도 차지할 생각이었지. 그는 조선에 사람을 보냈어.

"조선에 전한다. 중국을 공격할 테니 잠자코 길을 빌려 달라."

"뭐? 길을 빌려 달라는 건 핑계[5]고 사실은 우리 조선을 침략하려는 것이 아니냐?"

조선은 도요토미 히데요시의 요구를 단칼에 거

---

❶ 정부(政정사 정, 府마을 부) 나라를 다스리는 일을 맡은 국가 기관. ❷ 무사(武굳셀 무, 士선비 사) 무예를 배우고 익혀 그것을 쓰는 일을 하는 사람. ❸ 작전(作지을 작, 戰싸울 전) 어떤 일을 이루는 데 필요한 방법을 찾아냄. ❹ 콧대 우쭐하고 거만한 태도를 빗대어 이르는 말. ❺ 핑계 사실을 감추거나 피하려고 다른 일을 내세움.

절했어.

"좋아, 그럼 조선부터 공격한다!"

1592년, 도요토미 히데요시는 대군을 보내 조선을 침략했지. 이렇게 시작된 전쟁이 바로 임진왜란이야.

"조선의 수도 한양부터 점령하고 조선의 임금을 사로잡아라! 그럼 조선이 항복할 것이다."

일본군은 도요토미 히데요시의 명령대로 한양을 향해 빠르게 진군했어. 조선의 임금은 피란을 떠났고, 한양은 20일 만에 일본군의 차지가 되었지.

그런데 도요토미 히데요시의 생각과는 전혀 다른 일이 벌어졌어.

"감히 일본 놈들이 우리나라에 쳐들어오다니!"

"우리 손으로 조선을 지키자고!"

수많은 조선 사람들이 항복하지 않았고, 오히려 무기를 들고 일본에 맞섰어. 이름난 선비들이 의병을 일으키고, 스님들도 칼과 창을 들고 일본에 맞서 싸웠지. 금방 끝날 거라고 생각했던 임진왜란은 무려 7년 가까이 계속됐어.

그러던 중, 도요토미 히데요시는 큰 병에 걸려 시름시름 앓기 시작했어.

"조선과 중국을 정복해야 하는데, 내 꿈을 이루지 못하고 떠나는구나……."

1598년, 도요토미 히데요시는 세상을 떠났어. 도요토미 히데요시의 죽음이 알려지자, 일본군은 허겁지겁 조선을 떠났지. 이렇게 도요토미 히데요시의 꿈은 물거품이 되고 말았어.

 역사 사전

임진왜란
1592년에 일본이 조선을 침략하며 일어난 전쟁이야. 전쟁은 약 7년간 이어지다가 1598년에 끝났어.

---

❻ 점령(占점령할 점, 領거느릴 령) 군대가 적국의 영토에 들어가 그 지역을 차지함. ❼ 진군(進나아갈 진, 軍군사 군) 적을 치러 군대가 나아감. ❽ 피란(避피할 피, 亂어지러울 란) 난리를 피하여 옮겨 감. ❾ 의병(義옳을 의, 兵병사 병) 외적을 물리치기 위해 백성이 스스로 나서서 만든 군대.

1 빈칸을 채워 이 글의 중심 내용을 완성해 보세요.

중심
내용

일본의 최고 권력자가 되어 임진왜란을 일으킨

2 이 글의 도요토미 히데요시에 대한 설명으로 알맞지 <u>않은</u> 것을 골라 보세요. (   )

인물
이해

① 명나라를 정복했다.

② 일본의 무사 출신이었다.

③ 일본의 최고 권력자가 되었다.

④ 임진왜란 중에 병에 걸려 죽었다.

3 이 글의 도요토미 히데요시와 인터뷰를 했어요. 빈칸에 들어갈 알맞은 말을 골라 보세요.

내용
적용   (   )

> 기자: 일본이 조선을 침략한 이유는 무엇인가요?
>
> 도요토미 히데요시: _____

① 일본의 왕이 조선을 공격하라고 명령했기 때문입니다.

② 일본을 통일하기 위해서는 조선의 힘이 필요했기 때문입니다.

③ 조선이 명나라와 손을 잡고 일본을 공격하려 했기 때문입니다.

④ 명나라를 정복하러 가면서 조선도 차지하고 싶었기 때문입니다.

4 다음 신문 기사에서 이 글의 내용과 일치하지 <u>않는</u> 것을 골라 보세요. (   )

내용
적용

○○ 신문 ━━━━━━━━━━━━━━ 1598년 ○○월 ○○일 ━━

〈속보〉 일본, 조선에서 물러나

오늘 일본군이 조선을 떠나 일본으로 돌아갈 예정이다. ① <u>일본군은 1592년, 조선을 침략한 지 20일 만에 수도 한양을 점령했다.</u> 하지만 ② <u>조선 사람들은 항복하지 않고 의병을 일으켜 일본에 필사적으로 맞섰다.</u> 그 결과 전쟁은 길어졌다. ③ <u>도요토미 히데요시가 병으로 사망하자, 일본군은 비로소 조선에서 물러나기로 했다.</u> 하지만 ④ <u>임진왜란에서 승리한 일본은 조선을 지배하게 되었다.</u>

▶ 정답과 풀이 3쪽

5 빈칸을 채우며 이 글의 내용을 정리해 보세요.

핵심
정리

도요토미 히데요시는 무사들의 전쟁에서 승리해 ① ☐☐ 의 최고 권력자가 되었다.

↓

도요토미 히데요시는 ② ☐☐☐☐ 을 일으켜 조선을 공격하였다.

↓

조선은 20일 만에 수도 한양을 빼앗겼으나, 일본군에 끝까지 맞서 싸워 승리를 거두었다.

어휘 학습

6 낱말의 알맞은 뜻을 찾아 선으로 이어 보세요.

어휘
복습

(1) 정부 •

(2) 진군 •

(3) 의병 •

• ① 적을 치러 군대가 나아감.

• ② 나라를 다스리는 일을 맡은 국가 기관.

• ③ 외적을 물리치기 위해 백성이 스스로 나서서 만든 군대.

7 밑줄 친 낱말의 뜻이 보기 와 같은 것을 골라 보세요. (   )

어휘
적용

보기   사실을 감추거나 피하려고 다른 일을 내세움.

① 반란군은 황제가 사는 궁궐을 점령했다.

② 적에게 빼앗긴 도시를 되찾기 위해 작전을 세웠다.

③ 그 남자는 바쁘다는 핑계로 회의에 참석하지 않았다.

④ 광고가 큰 성공을 거두자, 사장은 콧대가 매우 높아졌다.

04 도쿠가와 이에야스, 일본을 한 손에 거머쥐다

도쿠가와 이에야스는 어떻게 일본을 차지하고 에도 막부를 세우게 되었을까?

 인물 사전

도쿠가와 이에야스
(1543년 ~ 1616년)
일본의 지도자야. 도요토미 히데요시의 뒤를 이어 일본을 통일하고 에도 막부 시대를 열었어.

| 교과서 핵심어 | ★도쿠가와 이에야스 ★일본 ★에도 막부 |

도요토미 히데요시가 믿는 부하 중에 도쿠가와 이에야스라는 사람이 있었어. 도쿠가와 이에야스는 일본을 차지하려는 야심❶을 품고 있었지. 하지만 자신의 마음을 감춘 채 도요토미 히데요시에게 충성을 맹세했어. 당장 맞서 싸우기에는 도요토미 히데요시의 힘이 너무 강했거든.

'지금은 때가 아니다. 힘을 키우며 기회를 기다려야 해.'

도쿠가와 이에야스는 자신의 근거지❷인 에도에서 조용히 힘을 길렀어. 임진왜란에도 자신의 병사는 한 명도 보내지 않았지. 그래서 임진왜란에 군대를 보냈던 다른 무사들은 많은 병사를 잃었지만, 도쿠가와 이에야스에게는 여전히 강력한 군대가 남아 있었어.

병에 걸린 도요토미 히데요시는 죽기 전 자신이 믿는 부하들을 불렀어. 도쿠가와 이에야스도 그 자리에 있었지.

"내 어린 아들을 도와 앞으로 일본을 잘 다스려 주시오. 여러분을 믿소."

"물론입니다. 저희를 믿으십시오."

도요토미 히데요시는 곧 세상을 떠났어. 도요토미 히데요시의 아들은 이제 막 다섯 살이 된 어린아이였지. 부하들이 지켜주지 않으면 당장이라도 자리에서 쫓겨날 게 뻔했어. 그런데 도쿠가와 이에야스는 약속을 어기고 야심을 드러냈어.

"도요토미 히데요시가 죽었으니, 이제는 내가 일본의 새 주인이 될 것이다. 모두 내게 무릎을 꿇어라!"

"뭐라고? 이런 배신자❸! 모두 힘을 합쳐서 도쿠가와 이에야스를 토벌❹하자!"

도요토미 히데요시의 옛 부하들은 하나로 뭉쳐 도쿠가와 이에야스를 몰아내려 했지. 마침내 1600년, 두 세력은 세키가하라에서 전투를 벌였어. 세키가하라

---

❶ **야심**(野들 야, 心마음 심) 무엇을 이루어 보겠다고 마음속에 품은 소망. ❷ **근거지**(根뿌리 근, 據근거 거, 地땅 지) 활동의 근거로 삼는 곳. ❸ **배신자**(背등 배, 信믿을 신, 者사람 자) 믿음이나 의리를 저버린 사람. ❹ **토벌**(討칠 토, 伐칠 벌) 무력으로 쳐서 없앰. ❺ **길목** 길의 중요한 통로가 되는 곳.

역사 사전

막부

옛날 일본에서 무사들이 세웠던 정부를 의미해. 막부의 '막(幕)'은 천막이란 뜻인데, 원래는 장군들이 전쟁터에서 천막을 치고 작전을 지휘했던 임시 본부를 가리키는 말이었지.

는 일본의 동쪽과 서쪽을 잇는 중요한 길목이었지.

세키가하라 전투는 일본 역사상 가장 큰 전투였어. 양쪽 모두 10만 명 넘는 병사를 동원해 밀고 밀리며 치열한 대결을 펼쳤거든. 온종일 이어진 전투 끝에 도쿠가와 이에야스가 마침내 승리를 거두었지. 이제 도쿠가와 이에야스는 일본의 권력을 한 손에 쥐게 되었어.

"전투에서 내 편을 들지 않았던 무사들은 모두 멀리 내쫓아라. 이제는 나에게 충성하는 무사만 키워줄 것이야."

도쿠가와 이에야스는 자신의 근거지인 에도에 새 정부를 세워 일본을 통치했어. 그래서 이때부터 일본을 에도 막부 시대라고 해.

에도 막부 시대는 몹시 평화로웠어. 전쟁이 모두 사라지고 250년 동안 평화가 이어졌지.

"전쟁으로 더는 벌벌 떨지도 않아도 되니 얼마나 좋아!"

긴 평화가 이어지면서 일본은 인구가 크게 늘었고, 곳곳에서 도시가 발달했어. 그 덕분에 교역으로 돈을 많이 번 상인들도 늘어났지. 상인들이 예술에 아낌없이 돈을 쓰면서 예술도 크게 발전했어. 에도 막부 시대는 일본이 여러모로 발전을 이룬 시기였던 거야.

 지리 사전

에도

오늘날 일본의 수도인 도쿄의 옛 이름이야. 원래는 일본 동부의 작은 도시였지만, 도쿠가와 이에야스가 권력을 잡은 이후 일본의 중심지가 되었지.

⑥ **치열**(熾성할 치, 烈세찰 렬) 기세나 세력이 불길처럼 맹렬함. ⑦ **통치**(統거느릴 통, 治다스릴 치) 나라나 지역을 도맡아 다스림. ⑧ **인구**(人사람 인, 口입 구) 일정한 지역에 사는 사람의 수. ⑨ **교역**(交사귈 교, 易바꿀 역) 나라와 나라 사이에서 물건을 사고팔고 하여 서로 바꿈.

1 이 글을 읽고 다음 문장에 들어갈 알맞은 말을 골라 ○표 해 보세요.

중심
내용

> 도쿠가와 이에야스는 (임진왜란 / 세키가하라 전투)에서 승리하여 (일본 / 조선)의
> 권력을 잡았다.

2 이 글의 도쿠가와 이에야스에 대한 검색 결과로 알맞은 것을 골라 보세요. (   )

인물
이해

> 도쿠가와 이에야스

① 도요토미 히데요시의 아들이다.

② 임진왜란에 참여해서 많은 병사를 잃었다.

③ 자신의 근거지였던 에도에 새로운 정부를 세웠다.

④ 도요토미 히데요시가 죽기 전에 전쟁을 일으켜 일본의 권력을 잡았다.

3 이 글을 읽고 세키가하라 전투에 대해 **잘못** 이해한 사람을 골라 보세요. (   )

내용
이해

① 선애: 일본 역사상 가장 큰 전투였어.

② 영심: 양쪽 모두 10만 명이 넘는 병사를 동원했어.

③ 하다: 도쿠가와 이에야스가 도요토미 히데요시와 싸운 전쟁이야.

④ 수재: 세키가하라는 일본의 동쪽과 서쪽을 잇는 중요한 곳이었어.

4 이 글을 읽고 빈칸에 들어갈 말로 알맞은 것을 골라 보세요. (   )

자료
해석

> 이것은 일본의 전통 연극 '가부키'의 한 장면입니다. 가부키는 에도 막부 때 탄생하여 지금까지 많은 인기를 얻고 있습니다. 이처럼 에도 막부 시기에는 다양한 예술이 발전하였는데, 그 이유는 _____.

① 일본의 인구가 크게 줄었기 때문입니다.

② 무사들이 오랫동안 전쟁을 벌였기 때문입니다.

③ 교역으로 부자가 된 상인들이 예술에 투자했기 때문입니다.

④ 무사들이 도쿠가와 이에야스를 배신하고 새로운 정부를 세웠기 때문입니다.

5 빈칸을 채우며 이 글의 내용을 정리해 보세요.

핵심
정리

인물 사전	
이름	① ▢▢▢▢ ▢▢▢▢
근거지	에도
한 일	• 세키가하라 전투에서 도요토미 히데요시의 부하 세력에게 승리함. • ② ▢▢ ▢▢ 시대를 열었음.

어휘 학습

6 낱말의 알맞은 뜻을 찾아 선으로 이어 보세요.

어휘
복습

(1) 토벌 •

(2) 교역 •

(3) 근거지 •

• ① 무력으로 쳐서 없앰.

• ② 활동의 근거로 삼는 곳.

• ③ 나라와 나라 사이에서 물건을 사고팔고 하여 서로 바꿈.

7 빈칸에 알맞은 낱말을 보기에서 찾아 문장을 완성해 보세요.

어휘
적용

보기   야심   배신자   길목   치열   통치   인구

(1) 그 사람은 대통령이 되어 나라를 바꾸겠다는 _____을 품었다.
　　　　　　　　　　　　　　　　　└ 무엇을 이루어 보겠다고 마음속에 품은 소망.

(2) 무능력한 황제가 _____하는 바람에 나라가 송두리째 흔들렸다.
　　　　　　　　└ 나라나 지역을 도맡아 다스림.

(3) 경찰들이 도망친 범인을 잡으려 옆 동네로 가는 _____을 지키고 있었다.
　　　　　　　　　　　　　　　└ 길의 중요한 통로가 되는 곳.

05

누르하치, 여진족을 하나로 뭉치다

누르하치는 여진족을 이끌고 명나라에 맞서 싸웠어. 이 싸움에서 어느 쪽이 이겼을까?

누르하치
(1559년 ~ 1626년)

청나라의 첫 번째 황제야. 오랫동안 갈라져 있던 여진족을 하나로 통일하고 명나라를 물리쳤지.

교과서 핵심어	★누르하치 ★중국 ★만주족 ★청나라

임진왜란이 터지자, 명나라는 조선을 돕기 위해 군대를 보내고 식량도 아낌없이 지원했어.[1] 일본이 조선을 차지한 뒤 명나라를 침략하지 않을까 걱정했거든. 명나라는 조선과 힘을 합쳐 일본과 맞서느라 몇 년간 매우 혼란스러웠지.[2]

그런데 이런 혼란을 틈타 조용히 힘을 키우던 사람이 있었어. 바로 여진족의 지도자 누르하치였지.

"여진족이여, 다시 하나로 뭉치자. 명나라를 물리치자!"

여진족은 아주 오래전부터 중국 동북쪽의 만주에서 살던 사람들이야. 여진족은 한때 힘을 합쳐 '금나라'를 세우고 중국 땅 절반을 차지한 적도 있었지. 하지만 명나라가 중국을 다스릴 무렵에는 여러 부족으로[3] 뿔뿔이 흩어져 있었어.

누르하치가 여진족을 다시 하나로 통일하자 명나라 정부가 들썩였지.

"여진족이 하나로 뭉쳤다니 큰일입니다! 이제 틀림없이 우리 명나라를 공격하려고 할 거예요."

"맞아요. 늦기 전에 군대를 보내서 토벌합시다!"

명나라는 누르하치를 물리치기 위해 만주로 군대를 보냈어. 명나라의 군대는 누르하치의 여진족 군대보다 몇 배는 많았지. 누르하치의 부하들이 다급하게[4] 말했어.

"명나라 군대가 네 방향으로 나누어 쳐들어오고 있습니다. 곧 우리를 에워쌀 거라고 합니다. 어쩌면 좋습니까?"

하지만 누르하치는 침착하게 대답했지.

"오히려 잘됐다. 적의 군대가 여러 갈래로 흩어져 있으니, 하나씩 접근해[5] 쳐부수면 이길 수 있어."

---

❶ **지원**(支지탱할 지, 援도울 원) 지지하여 도움. ❷ **혼란**(混섞일 혼, 亂어지러울 란) 뒤죽박죽이 되어 어지럽고 질서가 없음. ❸ **부족**(部떼 부, 族겨레 족) 같은 조상과 언어, 종교 등을 가진 지역적 생활 공동체. ❹ **다급하다**(多많을 다, 急급할 급) 일이 바싹 닥쳐서 매우 급하다. ❺ **접근**(接접할 접, 近가까울 근) 가까이 다가감.

누르하치는 명나라 군대의 움직임을 살피며 기회를 노렸어. 이윽고 넷으로 갈라진 명나라 군대 중 한 갈래가 혼자 먼 곳까지 떨어져 나왔다는 소식이 들렸지. 누르하치는 여진족 군대를 이끌고 적을 기습❻했어.

"지금이다. 적들을 공격하라!"

"여진족이다! 아니, 대체 어디서 나타난 거지?"

여진족이 갑자기 나타나자 명나라 장군들은 모두 깜짝 놀랐어. 여러 갈래로 흩어진 명나라 군대는 힘도 제대로 써 보지 못하고 여진족에게 하나하나 무너져 내렸지.

여진족들은 환호❼했어.

"우리가 이겼다! 이제 명나라의 시대는 갔다!"

누르하치는 여진족의 영웅이 되었지만, 명나라 군대를 무찌르고 얼마 뒤 세상을 떠났어. 뒤를 이은 누르하치의 아들은 여진족의

이름을 '만주족'이라 고쳐 부르고 나라 이름을 '청나라'로 삼았어. 그리고 아버지를 첫 번째 황제로 모시고 자신은 두 번째 황제가 되었지.

"아버지가 없었다면 우리 만주족은 나라를 세우지 못했을 것이오! 청나라의 첫 황제는 아버지여야 하오."

청나라는 사방팔방❽으로 영토를 넓히며 무섭게 성장했어. 그리고 마침내 명나라의 뒤를 이어 드넓은 중국 땅을 손에 넣었지. 중국의 주인이 된 청나라는 약 280년 가까이 중국을 다스리며 번영을 누렸어.

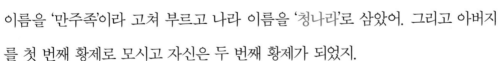

역사 사전

청나라
(1616년 ~ 1912년)
중국 동북쪽의 만주족이 세운 나라야. 명나라의 뒤를 이어 중국을 다스렸지. 원래는 '후금'이었는데, 훗날 '청'으로 이름을 고쳤지.

지리 사전

만주
한반도의 북쪽, 중국의 동북 지역이야. 역사적으로는 동북방, 관외 등 다양한 이름으로 불리다가 1700년대 이후 만주라고 불렸지.

❻ 기습(奇기이할 기. 襲엄습할 습) 적이 생각지 않았던 때에 갑자기 공격함. ❼ 환호(歡기쁠 환. 呼부를 호) 기뻐서 큰 소리로 부르짖음. ❽ 사방팔방(四넉 사. 方모 방. 八여덟 팔. 方모 방) 여기저기 모든 방향이나 방면.

1 이 글을 읽고 다음 문장에 들어갈 알맞은 말을 골라 ○표 해 보세요.

중심
내용

누르하치는 (여진족 / 몽골족)을 하나로 통일하고 (명나라 / 청나라)를 무찔렀다.

2 이 글의 누르하치에 대한 설명으로 알맞은 것을 골라 보세요. (   )

인물
이해

① 청나라를 세우고 첫 번째 황제가 되었다.

② 만주로 쳐들어온 명나라 군대를 물리쳤다.

③ 여진족을 통일하고 이름을 만주족으로 고쳤다.

④ 자신의 아버지를 청나라의 두 번째 황제로 모셨다.

3 이 글을 연극으로 만들었어요. 빈칸에 들어갈 대사로 알맞은 것을 골라 보세요. (   )

내용
적용

부하: 명나라 군대가 네 방향으로 나뉘어 우리를 포위하려 합니다! 어떡할까요?

누르하치: 오히려 잘되었구나! 왜냐하면 _____

① 명나라에 항복하고 싶었기 때문이다.

② 명나라가 조선과 힘을 합치기 어려워졌기 때문이다.

③ 명나라 군대가 우리 군대보다 수가 적어서 쉽게 이길 수 있기 때문이다.

④ 여럿으로 흩어진 명나라 군대를 하나씩 공격하면 이길 수 있기 때문이다.

4 이 글을 읽고 빈칸에 들어갈 지역의 이름을 써 보세요.

지도
읽기

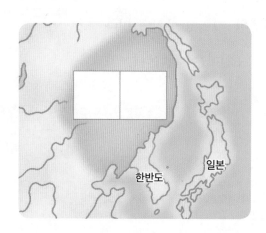

이곳은 중국 동북쪽에 있는 땅이야.
오랫동안 이곳에 살던 여진족은
누르하치의 지도 아래 하나가 되어
명나라에 맞섰지.

5 빈칸을 채우며 이 글의 내용을 정리해 보세요.

핵심
정리

여진족의 지도자 ① ☐☐☐☐ 는 흩어져 있던 여진족을
하나로 통일했다.

⬇

여진족은 자신들을 물리치러 온 명나라 군대를 크게 무찔렀다.

⬇

얼마 뒤 여진족은 ② ☐☐☐ 를 세워 중국 전체를 지배했고,
죽은 누르하치를 첫 번째 황제로 모셨다.

어휘 학습

6 낱말의 알맞은 뜻을 찾아 선으로 이어 보세요.

어휘
복습

(1) 접근 •

(2) 다급하다 •

(3) 사방팔방 •

• ① 가까이 다가감.

• ② 여기저기 모든 방향이나 방면.

• ③ 일이 바싹 닥쳐서 매우 급하다.

7 밑줄 친 낱말의 알맞은 뜻을 골라 번호를 써 보세요.

어휘
적용

지원	① (支탱할 지 援도울 원) 지지하여 도움. 예 장애인 **지원** 대책을 세워야 한다. ② (志뜻 지 願바랄 원) 어떤 일이나 조직에 뜻을 두어 한 구성원이 되기를 바람. 예 나는 우리 반 회장 후보에 **지원**하였다.

(1) 나는 올해에도 작년과 똑같은 동아리에 지원하였다. ( )

(2) 우리 부모님은 가수가 되겠다는 나의 꿈을 지원해 주신다. ( )

핵심어로 비밀 숫자 찾기!

🔍 각각의 빈칸에 들어갈 핵심어를 아래 글자판에서 찾아 색칠하고, 숨겨진 비밀 숫자를 써 보세요.

❶ 도쿠가와 이에야스는 자신의 근거지인 ○○에 새 정부를 세워 일본을 다스렸어.
❷ ○○○는 가난한 농민 출신으로 명나라를 세우고 중국의 황제가 됐어. 황제의 권위를 강력하게 만들기 위해 많은 신하를 죽였지.
❸ ○○는 큰 함대를 꾸려서 아프리카까지 항해를 떠났어.
❹ 도요토미 히데요시는 일본을 통일한 뒤 조선을 침략해 ○○○○을 일으켰어.
❺ 누르하치는 만주에 널리 흩어져 살던 ○○○을 하나로 뭉쳐 명나라를 무찔렀어.
❻ 중국 ○○○의 황제는 온 세상에 황제의 위엄을 떨치고 싶었어. 그래서 신하에게 먼 곳까지 항해하라고 명령했지.

누	임	진	왜	란	도
세	여	르	하	홍	요
키	진	히	미	무	토
가	족	에	도	제	미
하	요	데	시	정	도
라	명	나	라	화	쿠

▶비밀 숫자는 바로 _____!

인도에 세상에서 가장 아름다운 무덤이 만들어졌어. 과연 누구의 무덤일까?

2주

06

강희제, 청나라의 전성기를 열다

강희제는 어떻게 삼번의 난을 진압하고 청나라의 전성기를 열었을까?

 인물 사전

강희제
(1654년 ~ 1722년)

청나라의 네 번째 황제야. 청나라의 기틀을 닦은 황제로, 중국 역사상 최고의 황제로 손꼽히지.

| 교과서 핵심어 | ★강희제 ★청나라 ★중국 ★삼번의 난 |

청나라의 네 번째 황제 강희제는 일곱 살 어린 나이에 즉위[1]했어. 나이가 너무 어렸기 때문에 신하들이 황제 대신 나랏일을 맡아보았지.

"폐하는 그냥 가만히 계십시오. 나랏일은 저희가 다 하겠습니다."

신하들은 어린 강희제를 얕잡아[2] 보고 제멋대로 굴었어. 자기들 맘에 들지 않는 사람은 황제의 허락[3]도 없이 죽였고, 백성들의 땅도 멋대로 빼앗았지. 어린 강희제는 이런 모습을 보며 굳게 다짐했어.

'황제의 힘이 강해야 나라를 편안히 할 수 있겠구나. 내가 어른이 되면 황제의 말을 듣지 않는 자들은 가만두지 않으리라.'

강희제는 열여섯 살이 되자마자 나라를 직접 다스리겠다고 선언했어. 그리고 그동안 나라를 어지럽혔던 신하들을 붙잡아 그 가족까지 모두 처형했지. 이로써 강희제는 권력을 한 손에 쥐게 되었어.

그런데 아직 걸림돌이 남아 있었어. 이때 중국 남부에는 세 개의 번이 있었거든. 번에는 각각 왕이 있었어. 번의 왕들은 겉으로는 청나라 황제에게 충성을 맹세했지만 좀처럼 황제의 말을 듣지 않았지. 자기들 멋대로 세금을 거두고, 군대도 키웠어. 번은 사실상 청나라와는 다른 나라나 마찬가지였던 거야.

강희제는 번을 없애야 청나라가 온전히 중국 전체를 다스릴 수 있을 거라고 생각했어.

"앞으로 번을 없앤다. 이제 황제가 관리[4]를 보내 다스리도록 하겠다."

강희제의 말에 번의 왕들은 불만을 품었어. 특히 그중 가장 힘이 강했던 오삼계가 앞장서서 반란을 일으켰지.

"청나라는 물러나라! 우리는 항복하지 않을 것이다."

---

❶ 즉위(卽곧 즉, 位자리 위) 임금이 될 사람이 임금의 자리에 오름. ❷ 얕잡다 남의 재주나 능력을 실제보다 낮게 보고 하찮게 대하다. ❸ 허락(許허락할 허, 諾허락할 락) 청하는 일을 하도록 들어줌. ❹ 관리(官벼슬 관, 吏벼슬아치 리) 관직에 있는 사람.

빠샤!
이제 청나라가
중국을 온전히
다스리겠다!

그러자 다른 두 번도 잇따라 반란에 참여했어. 이 사건을 삼번의 난이라고 해. 오삼계가 이끄는 반란군은 청나라 군대를 크게 물리치며 기고만장했지.[5] 하지만 강희제가 직접 나서서 전략을 짜며 몰아붙이자 오삼계의 반란군은 곧 궁지에 몰리고 말았어.

결국 오삼계는 세상을 떠나고, 삼번의 난은 실패로 끝났어. 강희제는 마침내 중국 전체를 다스리게 되었지.

"이제야 나라가 안정을 되찾았구나. 오랜 전쟁으로 백성들이 힘들다. 세금을 줄이고 궁궐의 씀씀이도[6] 줄이도록 하라."

강희제는 나라의 토대를[7] 단단히 다져 청나라의 전성기를[8] 열었어. 세금을 줄여 백성을 편하게 해 주었고, 외국과 교역을 활발히 하여 많은 돈을 벌어들였지. 또 전국 곳곳을 돌며 백성의 어려움을 직접 살피고 도왔어. 그 덕분에 나라의 금고는 가득찼고, 백성들의 입가에는 웃음이 떠나질 않았지. 모두가 입을 모아 강희제를 칭찬했어.

"이렇게 나라가 살기 좋아진 건 모두 강희제 덕분이야."

"암요, 강희제야말로 세계 제일의 황제지요!"

강희제는 중국 역사상 가장 위대한 황제로 지금까지도 널리 존경받고 있어.

 역사 사전

번
'울타리'라는 뜻이야. 왕이나 황제에게서 땅을 받은 제후들이 다스리는 나라를 말해.

오삼계
청나라 초기, 번의 왕으로 중국 남부를 지배한 사람이야. 원래 명나라의 장군이었지만, 명나라를 배신하고 청나라의 신하가 되었어. 경험이 많은 장군이어서 청나라가 중국을 점령하는 데에 큰 공을 세웠지.

---

❺ 기고만장(氣기운 기, 高높을 고, 萬일만 만, 丈어른 장) 아주 우쭐하고 뽐내는 태도. ❻ 씀씀이 돈이나 물건, 마음을 쓰는 정도. ❼ 토대(土흙 토, 臺무대 대) 어떤 사물이나 사업의 밑바탕. ❽ 전성기(全온전할 전, 盛성할 성, 期때 기) 기운이나 세력이 한창 왕성한 시기.

1 이 글의 중심 내용으로 알맞은 것을 골라 보세요. (   )

중심
내용

① 삼번의 난을 일으킨 오삼계

② 중국 남부를 다스리던 세 개의 번

③ 강희제 대신 나라를 다스린 신하들

④ 여러 어려움을 극복하고 청나라를 크게 발전시킨 강희제

2 이 글의 강희제에 대한 설명으로 알맞은 것을 <u>모두</u> 선으로 이어 보세요.

인물
이해

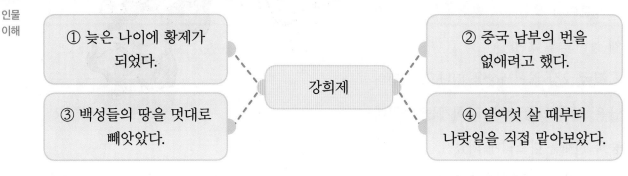

① 늦은 나이에 황제가 되었다.

② 중국 남부의 번을 없애려고 했다.

강희제

③ 백성들의 땅을 멋대로 빼앗았다.

④ 열여섯 살 때부터 나랏일을 직접 맡아보았다.

3 이 글을 읽고 다음 질문에 대한 대답으로 알맞지 <u>않은</u> 것을 골라 보세요. (   )

내용
이해

> 강희제는 청나라의 전성기를 어떻게 열었나요?

① 큰돈을 써서 궁궐을 화려하게 꾸몄다.

② 세금을 줄여 백성들의 부담을 덜어 주었다.

③ 외국과 교역을 활발히 하여 많은 돈을 벌어들였다.

④ 지역 곳곳을 돌며 백성들의 어려움을 살피고 도왔다.

4 이 글의 강희제가 쓴 일기예요. 이 글의 내용과 일치하지 <u>않는</u> 것을 골라 보세요. (   )

내용
적용

> ### 번을 없애야 나라가 산다!
>
> 날짜: ○○년 ○○월 ○○일   날씨: 흐림
>
> 중국 남부를 다스리는 번은 청나라의 오랜 골칫거리였다. 번을 다스리는 왕은 ① 겉으로만 황제에게 충성을 맹세할 뿐, 좀처럼 내 말을 듣지 않았다. 이에 나는 ② 번을 없애고 관리를 보내 다스리려 하였다. 그런데 ③ 이에 불만을 품은 오삼계가 반란을 일으켰다. ④ 다행히 오삼계를 제외한 다른 두 번은 반란에 끼지 않았다고 한다.

5 빈칸을 채우며 이 글의 내용을 정리해 보세요.

핵심
정리

① ☐☐☐ 는 어린 나이에 청나라 황제로 즉위했다.

신하들은 황제를 얕잡아보고 마음대로 나라를 주물렀다.

⬇

나라를 직접 다스리기로 결심한 황제는 그동안 나라에 해를 끼친 신하들을 처형하고,

② ☐☐☐☐ 을 진압했다.

⬇

중국 전체를 다스리게 된 황제는 나라를 잘 다스려 청나라의 전성기를 열었다.

 어휘 학습

6 낱말의 알맞은 뜻을 찾아 선으로 이어 보세요.

어휘
복습

(1) 허락 •

(2) 토대 •

(3) 전성기 •

• ① 청하는 일을 하도록 들어줌.

• ② 어떤 사물이나 사업의 밑바탕.

• ③ 기운이나 세력이 한창 왕성한 시기.

7 보기 에서 알맞은 낱말을 찾아 밑줄 친 말을 바꾸어 써 보세요.

어휘
적용

보기	즉위	얕잡다	관리	기고만장	씀씀이

(1) 집을 사기 위해 <u>돈을 쓰는 정도</u>를 좀 줄이고 저축을 더 많이 하기로 하였다.

➡ 집을 사기 위해 ( )를 줄이고 저축을 더 많이 하기로 하였다.

(2) 그 친구는 뭐 어쩌다 한 번 이겼다고 <u>아주 우쭐하고 뽐내는</u> 게 너무 얄밉더라.

➡ 그 친구는 뭐 어쩌다 한 번 이겼다고 ( )한 게 너무 얄밉더라.

07

샤 자한, 황후를 위해 타지마할을 짓다

죽은 황후를 위해 저렇게 크고 아름다운 건물을 지었다니! 샤 자한은 황후를 정말 사랑했던 모양이야!

 인물 사전

샤 자한
(1592년 ~ 1666년)

인도 무굴 제국의 다섯 번째 황제야. 인도의 상징인 타지마할을 지은 황제로 유명해.

| **교과서 핵심어** | ★샤 자한 ★인도 ★무굴 제국 ★타지마할 |

옛날 인도에 강력하고 부유하기로 소문난 무굴 제국이란 나라가 있었어. 무굴 제국의 다섯 번째 황제인 샤 자한은 황후를 무척이나 사랑했지.

"황후여, 나는 당신이 없으면 살 수 없소."

샤 자한은 어디를 가든 황후와 함께했어. 심지어 화살이 빗발치는① 전쟁터에도 데리고 갈 정도였지.

그런데 큰일이 생겼어. 황후가 아이를 낳은 뒤 앓아누운 거야. 며칠 뒤, 시종②이 샤 자한에게 슬픈 소식을 전했어.

"폐하, 황후께서 그만 세상을 떠나셨습니다……"

"뭐라고? 아아, 황후여, 어째서 날 떠나는가!"

충격을 받은 샤 자한은 그만 그 자리에서 기절해 버렸어. 깨어난 뒤에도 정신을 차리지 못하고 애절하게③ 황후만을 부르며 울부짖었지.

며칠이 지난 후 샤 자한은 신하들을 불렀어.

"황후의 무덤을 만들도록 하라. 당연히 세상에서 가장 아름답고 화려한 무덤이 되어야 한다."

샤 자한은 황후의 무덤을 짓겠다며 값비싼 대리석과 보석을 아낌없이 사들였어. 또 세계 곳곳에서 이름난 건축가들을 불러 모았지. 백성 수만 명이 공사장에 끌려왔고, 커다란 코끼리도 수십 마리나 동원됐어④. 무덤을 짓느라 나랏돈을 모두 탕진할⑤ 지경이 되자 신하들이 걱정스럽게 말했어.

"폐하, 무덤 공사에 너무 많은 돈이 들어서 나라 살림살이가 어렵습니다."

"시끄럽다. 황후를 위해서라면 못할 것이 없다!"

샤 자한은 눈 하나 깜빡하지 않고 공사를 밀어붙였어. 무덤이 다 완성되기까

---

① 빗발치다 거센 빗줄기처럼 쏟아지거나 떨어지다. ② 시종(侍모실 시, 從따를 종) 임금이나 귀족 옆에서 여러 가지 일을 돌보는 사람. ③ 애절하다(哀슬플 애, 切끊을 절) 몹시 애처롭고 슬프다. ④ 동원(動움직일 동, 員관원 원) 사람이나 물건 같은 것을 한데 모으는 것. ⑤ 탕진(蕩방탕할 탕, 盡다할 진) 재물이나 시간, 힘을 다 써서 없앰.

🏛 역사 사전

무굴 제국
(1526년 ~ 1857년)
인도 북부와 중부를 중심으로
번성했던 이슬람 제국이야.

지는 무려 22년이 걸렸지. 이렇게 지어진 게 바로 타지마할이야.

"황후여, 황후여, 보고 싶구려……."

그런데 샤 자한은 타지마할이 완성된 후에도 여전히 황후 생각뿐이었어. 나랏일은 내팽개친 채, 황후만 찾으며 방에 틀어박혀 있었지. 백성과 신하들은 화가 머리끝까지 났어. 결국에는 황태자가 칼을 빼 들었지.

"이미 돌아가신 어머님 때문에 살아 있는 백성들을 이렇게 괴롭히다니! 아버님은 나라를 다스릴 자격이 없습니다!"

샤 자한은 아들에게 황제 자리를 빼앗긴 채 궁궐에 갇혔어. 갇힌 방의 창문 밖으로 완성된 타지마할이 어렴풋⑥하게 보였지. 샤 자한은 먼발치⑦에서 매일 타지마할을 바라보며 죽을 때까지 황후를 그리워했어.

타지마할은 오늘날 인도의 상징으로 꼽히고 있어. 하얀 대리석으로 지은 거대한 건물과 탑은 완벽한 대칭⑧을 이루고 있지. 벽에 새겨진 다양한 무늬도 모두 예술 작품으로 이름 높아. 그 덕분에 타지마할은 전 세계 사람들의 발길이 끊이지 않는 명소⑨가 되었어.

---

⑥ **어렴풋하다** 물체가 뚜렷하게 보이지 않고 흐릿하다. ⑦ **먼발치** 조금 멀리 떨어진 곳. ⑧ **대칭**(對대할 대. 稱저울 칭) 사물이 서로 똑같은 모습으로 마주 보며 짝을 이룬 상태. ⑨ **명소**(名이름 명. 所곳 소) 이름이 널리 알려진 경치나 유적.

1

중심
내용

이 글을 읽고 알맞은 내용에 선을 그어 중심 문장을 완성해 보세요.

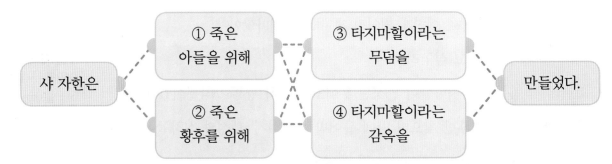

샤 자한은

① 죽은 아들을 위해

② 죽은 황후를 위해

③ 타지마할이라는 무덤을

④ 타지마할이라는 감옥을

만들었다.

2

인물
이해

이 글의 샤 자한에 대한 설명으로 알맞지 <u>않은</u> 것을 골라 보세요. (   )

① 무굴 제국의 황제였다.

② 죽은 황후를 그리워하였다.

③ 타지마할을 짓는 데 많은 돈을 쏟아부었다.

④ 아이를 낳은 뒤 얼마 지나지 않아 세상을 떠났다.

3

내용
이해

이 글을 읽고 황태자가 다음과 같이 말한 까닭으로 알맞은 것을 골라 보세요. (   )

내 아버지 샤 자한을 황제 자리에서 쫓아내고 궁궐에 가두겠다!

① 타지마할을 짓는 데 쓰인 값비싼 보석이 탐났기 때문에

② 나라를 다스리기에 아버지의 나이가 너무 많았기 때문에

③ 죽은 황후가 아들이 왕이 되었으면 좋겠다는 말을 남겼기 때문에

④ 나랏일을 돌보지 않는 샤 자한이 황제의 자격이 없다고 생각했기 때문에

4

자료
해석

이 글을 읽고 다음 사진에 대한 설명으로 알맞지 <u>않은</u> 것을 골라 보세요. (   )

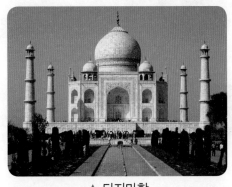

▲ 타지마할

① 오늘날 인도의 상징이자 명소이다.

② 샤 자한이 황후와 살기 위해 지은 궁전이다.

③ 건물 벽에 새겨진 무늬도 예술 작품으로 이름 높다.

④ 타지마할의 건물과 탑은 완벽한 대칭을 이루고 있다.

▶ 정답과 풀이 5쪽

5 빈칸을 채우며 이 글의 내용을 정리해 보세요.

핵심
정리

무굴 제국의 황제 ① ☐☐☐ 은 사랑하는 황후가 죽자 슬픔에 빠졌다.

그래서 황후의 무덤인 ② ☐☐☐☐ 을 짓기로 했다. 화려한 무덤을 짓

기 위해 엄청난 나랏돈이 들어가고, 많은 사람이 동원되었다. 황제가 나랏일을 돌보지 않고

황후만 그리워하자, 화가 난 황태자가 그를 황제 자리에서 쫓아내고 궁궐에 가두었다.

어휘 학습

6 낱말의 알맞은 뜻을 찾아 선으로 이어 보세요.

어휘
복습

(1) 탕진 •

(2) 대칭 •

(3) 명소 •

• ① 이름이 널리 알려진 경치나 유적.

• ② 재물이나 시간, 힘을 다 써서 없앰.

• ③ 사물이 서로 똑같은 모습으로 마주 보며 짝을 이룬 상태.

7 빈칸에 들어갈 알맞은 낱말을 보기 에서 찾아 문장을 완성해 보세요.

어휘
적용

보기   빗발치다   시종   애절하다   동원   어렴풋하다   먼발치

(1) 그 가수의 노래는 가사가 _____.
  ∟ 몹시 애처롭고 슬프다.

(2) 나는 차마 가까이 가지 못한 채 _____에서 촬영 현장을 바라보았다.
  ∟ 조금 멀리 떨어진 곳.

08

메흐메트 2세, 콘스탄티노폴리스를 함락하다

메흐메트 2세는 어떤 방법으로 콘스탄티노폴리스를 무너뜨린 걸까?

 인물 사전

메흐메트 2세
(1432년 ~ 1481년)

오스만 제국의 일곱 번째 술탄이야. 콘스탄티노폴리스를 함락하면서 오스만 제국의 전성기를 열었지.

| 교과서 핵심어 | ★메흐메트 2세 ★콘스탄티노폴리스 ★오스만 제국 |

한때 유럽에서 제일가는 도시는 콘스탄티노폴리스였어. 고대 로마 시절부터 시작된 역사는 무려 천 년이 넘었고, 백만 명에 이를 정도로 많은 사람이 살았지. 또, 콘스탄티노폴리스는 유럽과 아시아를 연결하는 교통의 요지❶이기도 했어. 그래서 많은 나라가 콘스탄티노폴리스를 노렸지.

하지만 콘스탄티노폴리스는 세 겹이나 되는 성벽으로 둘러싸인 난공불락❷의 요새❸였어. 지난 천 년간 수많은 공격을 받았지만, 그 어떤 침략자도 이 성벽을 넘지 못했지.

그런데 이 도시를 점령하겠다고 다짐한 젊은이가 있었어.

"우리 오스만 제국을 최고의 나라로 만들기 위해 저 도시를 점령하겠다."

바로 오스만 제국을 다스리는 술탄, 메흐메트 2세였어. 오스만 제국은 지중해 세계에서 새롭게 떠오르고 있던 이슬람 제국이었어. 메흐메트 2세는 유럽에서 가장 큰 도시인 콘스탄티노폴리스를 정복해 오스만 제국을 지중해 최고의 나라로 만들 생각이었지.

하지만 단단한 성벽을 뚫으려면 새로운 방법이 필요했어. 메흐메트 2세는 부하를 불러 모아 의견을 물었지.

"제가 세상에서 가장 거대한 대포를 만들겠습니다. 포탄❹을 쏴서 성벽을 무너뜨리는 겁니다."

"성벽 밑바닥까지 땅굴을 팝시다. 거기서 화약을 터뜨리면 성벽이 무너질 거예요!"

부하들이 앞다투어 의견을 냈어. 메흐메트 2세는 새로운 생각이 나올 때마다 지원을 아끼지 않았지.

---

❶ 요지(要중요할 요, 地땅 지) 중요한 역할을 하는 곳. ❷ 난공불락(難어려울 난, 攻칠 공, 不아니 불 落떨어질 락) 공격하기 어려워 쉽사리 함락되지 아니함. ❸ 요새(要필요할 요, 塞요새 새) 군사적으로 중요한 곳에 튼튼하게 만들어 놓은 방어 시설. ❹ 포탄(砲대포 포, 彈탄약 탄) 대포의 탄알.

🏛 역사 사전

**오스만 제국
(1299년 ~ 1922년)**
오늘날 튀르키예 일대를 중심으로 여러 대륙에 걸쳐 크게 번성했던 제국이야.

술탄
오스만 제국을 비롯해 이슬람교를 믿는 나라들에서 최고 지도자를 일컫는 말이야.

"좋다. 돈은 원하는 대로 줄 테니 마음껏 만들어 보거라!"

오스만 제국군은 콘스탄티노폴리스를 포위하고 커다란 대포로 거세게 공격을 퍼부었어.

"쿠과과광!"

요란한 소리가 날 때마다 엄청나게 큰 대포알이 성벽에 우수수 쏟아졌지. 성벽은 대포를 맞아 휘청휘청 흔들리고 금이 갔어. 튼튼한 성벽만 믿고 있던 콘스탄티노폴리스의 황제는 크게 한숨을 내쉬었지.

"아아, 지난 천 년 동안 아무도 넘지 못했던 성벽이거늘! 오스만 제국이 이렇게 강하단 말인가!"

단단했던 성벽은 53일 만에 무너졌어. 메흐메트 2세는 군대를 이끌고 당당하게 성문으로 들어섰지. 콘스탄티노폴리스는 이렇게 오스만 제국에게 함락❻됐어.

"오늘부터 우리의 수도는 바로 여기, 콘스탄티노폴리스요."

메흐메트 2세는 콘스탄티노폴리스를 오스만 제국의 새 수도로 삼았어. 콘스탄티노폴리스는 오스만 제국의 수도가 된 뒤에도 유럽과 아시아를 잇는 무역의 중심지로 오랫동안 번영❼했지.

🧭 지리 사전

콘스탄티노폴리스
오늘날 튀르키예에서 가장 큰 도시인 이스탄불의 옛 이름이야. 과거 동로마 제국의 수도이자, 오스만 제국의 수도였어.

---

❺ 포위(包쌀 포, 圍에워쌀 위) 주위를 에워쌈. ❻ 함락(陷빠질 함, 落떨어질 락) 적의 성이나 요새를 공격하여 무너뜨림.
❼ 번영(繁번성할 번, 榮영화 영) 어떤 사회나 조직의 세력이 커져서 물질적으로 넉넉해짐.

독해 학습

1 이 글의 중심 내용으로 알맞은 것을 골라 보세요. (   )

중심
내용

① 교통의 요지 콘스탄티노폴리스

② 단단한 콘스탄티노폴리스의 성벽

③ 콘스탄티노폴리스를 차지한 메흐메트 2세

④ 콘스탄티노폴리스가 유럽에서 제일가는 도시였던 이유

2 이 글의 메흐메트 2세에 대한 내용과 일치하면 ○표, 일치하지 않으면 X표 해 보세요.

인물
이해

(1) 오스만 제국을 다스리는 술탄이었다. (   )

(2) 콘스탄티노폴리스에 단단한 성벽을 쌓았다. (   )

(3) 콘스탄티노폴리스를 오스만 제국의 수도로 정했다. (   )

(4) 오스만 제국을 지중해 최고의 나라로 만들고 싶어 했다. (   )

3 이 글을 읽고 다음 질문에 대한 대답으로 알맞은 것을 골라 보세요. (   )

내용
이해

> 메흐메트 2세는 어떻게 콘스탄티노폴리스를 점령했을까요?

① 사람들을 모아 밤중에 몰래 성벽을 타고 넘어갔다.

② 콘스탄티노폴리스 사람들을 꾀어내 반란을 일으켰다.

③ 콘스탄티노폴리스 성문을 지키는 사람을 설득해 성문을 열었다.

④ 대포와 같은 강력한 무기를 사용해 콘스탄티노폴리스의 성벽을 무너뜨렸다.

4 사진을 보고 대화를 나누었어요. 이 글의 내용과 일치하지 <u>않는</u> 것을 골라 보세요. (   )

자료
해석

이 사진은 콘스탄티노폴리스를 에워싼 테오도시우스 성벽입니다. 콘스탄티노폴리스의 지배자들은 도시 주변에 이런 높고 두꺼운 성벽을 쌓았습니다.

① 하다: 성벽은 칼과 창에 쉽게 뚫렸을 거야.

② 영심: 도시를 지키기 위해 성벽을 튼튼하게 쌓았을 거야.

③ 수재: 성벽 덕분에 콘스탄티노폴리스는 천 년 넘게 안전했을 거야.

④ 선애: 두꺼운 성벽을 쌓은 걸 보니 콘스탄티노폴리스는 노리는 나라가 많았던 중요한 도시였나 봐.

5 빈칸을 채우며 이 글의 내용을 정리해 보세요.

핵심
정리

> 오스만 제국의 술탄 ① ☐☐☐ ☐☐ 는 유럽의 가장 큰
>
> 도시였던 ② ☐☐☐☐☐☐☐ 를 정복하여 오스
>
> 만 제국을 지중해 최고의 나라로 만들고 싶었다. 그래서 커다란 대포와 군대를 동원하여 성
> 벽을 공격하였고, 결국 도시를 함락시키는 데 성공했다.

어휘 학습

6 낱말의 알맞은 뜻을 찾아 선으로 이어 보세요.

어휘
복습

(1) 요지 •   • ① 대포의 탄알.

(2) 포탄 •   • ② 중요한 역할을 하는 곳.

(3) 함락 •   • ③ 적의 성이나 요새를 공격하여 무너뜨림.

7 대화를 읽고 빈칸에 알맞은 낱말을 써 보세요.

어휘
적용

> 두기: 형, 무슨 일로 표정을 찌푸리고 있어?
>
> 하다: 게임에서 적을 쓰러뜨려야 하는데 뭔 수를 써도 안 쓰러지더라고. 형한테 도와달라
>   고 했는데도 못 깼어.
>
> 두기: 와, ☐☐☐☐ 의 적이구나!
>
> 하다: 그게 무슨 말이야?
>
> 두기: '공격하기 어렵고 무너뜨리기 어려운 상대'를 뜻하는 말이야.

09

해적 하이레딘,
지중해를 주름잡다

하이레딘은 얼마나 무서운 해적이었을까? 어쩌다가 오스만 제국의 해군 사령관이 된 거지?

인물 사전

하이레딘
(? ~ 1546년)
오스만 제국 출신의 해적이야. 훗날 오스만 제국의 해군 사령관이 되어 지중해를 주름잡았지.

| 교과서 핵심어 | ★하이레딘 ★오스만 제국 ★지중해 |

"해적이다, 해적이 나타났다! 모두들 도망쳐라!"

평화롭고 고요하던 마을이 갑작스러운 외침에 아수라장❶이 되었어. 수평선 멀리 검은 깃발을 단 해적선 여러 척이 나타난 거야. 악명 높은 이슬람 해적, 하이레딘이 이끄는 해적단이었지.

"마을을 샅샅이 뒤져라! 값나가는 것은 모조리 빼앗고, 붙잡은 놈들은 전부 다 노예로 팔 것이다."

"예! 알겠습니다, 대장!"

해적들은 삽시간❷에 마을을 덮쳤어. 수많은 사람이 목숨을 잃었고, 간신히 목숨을 건진 사람도 모두 다 붙잡혀 노예로 팔려 갔지. 하이레딘의 해적단은 이런 식으로 수많은 마을을 약탈했어.

악랄한❸ 해적 하이레딘에 대한 소문은 유럽 곳곳으로 퍼져 나갔지.

"하이레딘이라고 들어봤나? 정말 피도 눈물도 없다던데?"

"혹시 우리 마을에 나타나면 어떡하지?"

마침내 오스만 제국의 술탄도 하이레딘의 소문을 듣게 됐어. 이때 오스만 제국의 술탄은 술레이만 1세라는 사람이었지. 술레이만 1세는 오스만 제국 최고의 술탄으로 불리는 인물이야. 술레이만은 나라에 도움이 될 사람이라면 신분에 상관없이 누구든 가까이 두며 도움을 받았어. 그 덕에 오스만 제국에는 인재가 잇따라 모여들었고, 최고의 전성기를 누리고 있었지.

술레이만 1세는 하이레딘도 궁전으로 불러들였어.

"듣자 하니, 비록 해적이지만 바다에서 싸우는 데에는 네가 최고라고 하더구나. 해적질은 그만하고 우리 오스만 제국의 해군❹을 맡아보지 않겠느냐?"

---

❶ 아수라장(阿언덕 아, 修닦을 수, 羅그물 라, 場마당 장) 큰 혼란에 빠져 엉망이 된 곳. 또는 그런 상태. ❷ 삽시간(霎가랑비 삽, 時때 시, 間사이 간) 매우 짧은 시간. ❸ 악랄(惡악할 악, 辣매울 랄) 성질이 나쁘고 잔인함. ❹ 해군(海바다 해, 軍군사 군) 주로 바다에서 싸우는 군대.

옛날엔 해적이었지만, 지금은 해군 사령관 이라고!

"감사합니다. 맡겨만 주신다면 최선을 다 하겠습니다!"

해군 사령관이 된 하이레딘은 커다란 배를 더 많이 만들었어. 해적들도 더 많이 모아 강력한 함대를 꾸렸지. 이 소식에 유럽의 여러 나라 사람들은 걱정이 많았어.

"해적 하이레딘이 이제 오스만 제국의 해군 사령관이 되었다며?"

"이대로 가만히 앉아서 당할 수는 없습니다. 우리도 힘을 합칩시다."

유럽 여러 나라는 하이레딘을 막기 위해 힘을 합쳐 큰 함대를 만들었어. 하이레딘의 함대보다 그 수가 두 배는 많았지. 유럽 연합군과 하이레딘의 함대는 지중해 가운데에서 정면으로 마주쳤어.

"두목, 유럽 놈들의 배가 우리보다 훨씬 많습니다!"

겁을 집어먹은 부하들이 말했지만, 하이레딘은 눈 하나 깜빡하지 않았어.

"괜찮다! 적의 총대장을 노리고 빠르게 돌격해라. 그럼 다들 겁을 먹고 물러날 거야."

마침내 전투가 시작되자, 하이레딘의 함대는 적을 향해 쏜살같이 돌진했어. 잔인한 해적들이 무서운 속도로 돌진해 오는 모습에 유럽 사람들은 하얗게 질렸지.

"하이레딘의 배가 너무 빨라! 모두 후퇴! 후퇴하라!"

결국 하이레딘의 함대는 큰 승리를 거두었어. 이제 지중해에서는 그 어떤 함대도 하이레딘에게 맞서지 못했지. 그러자 오스만 제국도 더욱 더 큰 힘을 떨치게 되었어.

---

❺ 사령관(司맡을 사. 令영 령. 官벼슬 관) 군 전체 또는 큰 규모의 군대를 모두 지휘하는 벼슬. ❻ 쏜살같다 쏜 화살과 같이 매우 빠르다. ❼ 후퇴(後뒤 후. 退물러날 퇴) 뒤로 물러남.

1 이 글의 중심 내용으로 알맞은 것에 ○표 해 보세요.

중심
내용

① 하이레딘의 뛰어난 항해 기술	② 오스만 제국의 현명한 황제 술레이만 1세	③ 지중해에서 큰 승리를 거둔 하이레딘의 오스만 제국 함대
☐	☐	☐

2 이 글의 하이레딘에 대한 설명으로 알맞지 <u>않은</u> 것을 골라 보세요.　(　　　)

인물
이해

① 악명 높은 해적이었다.

② 오스만 제국의 해군 사령관이 되었다.

③ 유럽 여러 나라 황제의 인정을 받았다.

④ 강력한 함대를 만들어 유럽 연합군과 맞섰다.

3 이 글의 내용과 일치하지 <u>않는</u> 것을 골라 보세요.　(　　　)

내용
이해

① 오스만 제국은 유럽 연합군에게 승리했다.

② 술레이만 1세는 오스만 제국 최고의 술탄으로 불린다.

③ 하이레딘은 유럽 연합군에 맞서다가 포로로 잡혀가고 말았다.

④ 유럽 여러 나라들은 하이레딘을 상대하려고 힘을 합쳐 큰 함대를 만들었다.

4 이 글의 하이레딘과 인터뷰를 했어요. 빈칸에 들어갈 말로 알맞은 것을 골라 보세요.

내용
적용
　　　　　　　　　　　　　　　　　　　　　　　　　　　　　　　　(　　　)

> 기자: 오스만 제국의 해군 사령관이 되신 비결이 무엇인가요?
>
> 하이레딘: _____

① 세상에서 가장 약한 함대를 가지고 있었기 때문입니다.

② 어렸을 적부터 해군 사령관이 되기 위한 교육을 받았기 때문입니다.

③ 술레이만 1세가 실력만 있으면 신분에 상관없이 일을 맡겼기 때문입니다.

④ 해군 사령관을 시켜주지 않으면 오스만 제국을 공격하겠다고 말했기 때문입니다.

5 빈칸을 채우며 이 글의 내용을 정리해 보세요.

핵심
정리

① ☐☐☐☐ 은 원래 바다에서 도적질을 일삼는 해적이었다. 하지만

뛰어난 실력 덕분에 ② ☐☐☐ ☐☐ 의 해군 사령관이 되었다.

그가 지휘하는 함대는 지중해에서 유럽 연합군을 크게 물리쳤다.

어휘 학습

6 낱말의 알맞은 뜻을 찾아 선으로 이어 보세요.

어휘
복습

(1) 해군 •   • ① 뒤로 물러남.

(2) 후퇴 •   • ② 주로 바다에서 싸우는 군대.

(3) 사령관 •   • ③ 군 전체 또는 큰 규모의 군대를 모두 지휘하는 벼슬.

7 보기 에서 알맞은 낱말을 찾아 밑줄 친 말을 바꾸어 써 보세요.

어휘
적용

보기	아수라장	삽시간	악랄	쏜살같다

(1) 이 산에는 성질이 나쁘고 잔인하기로 소문난 산적들이 살고 있어.

➡ 이 산에는 (   )하기로 소문난 산적들이 살고 있어.

(2) 우리 집 강아지는 밥을 주기만 하면 매우 짧은 시간에 먹어 치운다.

➡ 우리 집 강아지는 밥을 주기만 하면 (   )에 먹어 치운다.

10 세상이 놀란 천재 예술가, 다빈치

나도 다빈치가 그린
〈최후의 만찬〉을
본 적 있어!
다빈치는 이 그림을
어떻게 그린 걸까?

인물 사전

레오나르도 다빈치
(1452년 ~ 1519년)
르네상스 시대에 이탈리아를
대표하는 예술가였어. 다방
면에서 뛰어난 재능을 발휘
하며 오늘날까지 천재성을
인정 받고 있는 인물이지.

| 교과서 핵심어 | ★다빈치 ★이탈리아 ★최후의 만찬 ★르네상스 |

"푸드득, 푸드득."

어느 날, 울창한 숲을 지나던 다빈치는 깜짝 놀라 하늘을 쳐다봤어. 수십 마리의 새떼들이 일제히 하늘로 날아오른 거야.

"새들은 어떻게 저렇게 자유롭게 날 수 있을까?"

호기심이 생긴 다빈치는 새들이 움직이는 모습을 밤낮으로 관찰했어. 그러더니 종이 위에 쓱쓱 무언가를 그렸어. 꼭 박쥐처럼 생긴 기계였지.

"다빈치, 이건 무슨 기계인가?"

"사람이 타고 새처럼 날 수 있는 기계라네. 새의 날개를 본떠서 만들었지."

다빈치는 이렇게 자연 현상을 관찰해 기발한[1] 생각을 해내는 이탈리아의 천재 발명가였어. 비행기뿐 아니라 오늘날의 탱크, 헬리콥터와 비슷한 기계도 생각해 냈지.

또 다빈치는 유명한 화가이기도 했어. 그래서 어느 날 성당의 벽화를 그려달라는 부탁을 받았지.

"이보게, 다빈치. 예수가 죽기 전 제자들과 함께 최후의 만찬[2]을 즐기는 모습을 그려주게나."

"그렇다면 성경에서 제자들의 생김새를 어떻게 묘사했는지[3]부터 찾아봐야겠군요. 열두 제자를 모두 다르게 그리려면 사람 두개골[4]의 생김새도 좀 더 연구해야 해요."

4년 후, 오랜 노력 끝에 마침내 〈최후의 만찬〉이 완성됐어.

"세상에, 저 예수와 열두 제자의 표정을 봐. 살아 있는 것 같은걸?"

"내가 저 방 안에 진짜로 들어가 있는 것 같아!"

---

[1] 기발하다(奇기이할 기, 拔빼어날 발) 놀라울 정도로 재치가 있고 뛰어나다. [2] 만찬(晩저물 만, 餐먹을 찬) 손님을 초대하여 함께 먹는 저녁 식사. [3] 묘사(描그릴 묘, 寫베낄 사) 어떤 대상이나 사물, 현상 등을 언어로 서술하거나 그림을 그려서 표현함. [4] 두개골(頭머리 두, 蓋덮을 개, 骨뼈 골) 머리의 골격을 이루는 뼈.

그림을 본 사람들은 연신[5] 감탄했어. 다빈치는 그림을 더 생생하게 보이게 하려고 가까이 있는 사람은 크고 선명하게, 멀리 있는 풍경은 작고 흐리게 표현했거든. 그래서 그림이 더욱 사실적으로 느껴졌던 거야.

그런데 그때, 누군가 고개를 갸우뚱했어.

"에? 예수님 머리 위에 후광은 어디 갔지?"

후광은 사람의 뒤에서 은은하게 비쳐오는 빛이야. 보통 예수처럼 성스럽게 여기는 인물의 머리 뒤에 동그란 후광을 그려 넣고는 했지. 그런데 〈최후의 만찬〉에는 후광이 없었던 거야. 다빈치는 자신 있게 대답했어.

"세상에 동그라미를 머리 뒤에 달고 다니는 사람은 없어요. 그래서 없애 버렸습니다."

사람들은 고개를 끄덕였어. 다빈치는 이후로도 과학적인 관찰을 바탕으로 새로운 그림 기법[6]을 만들어 수많은 명작[7]을 남겼지. 유럽에서 다빈치와 같은 천재 예술가들이 많은 명작을 남겼던 시대를 르네상스 시대라고 해. 다빈치는 지금까지도 르네상스를 대표하는 천재 발명가이자 예술가로 이름을 날리고 있어.

🏛 역사 사전

르네상스

1300년대부터 1500년대까지 유럽에서 발생한 문화 현상이야. 그림과 조각, 문학과 건축 등 여러 예술 분야에 걸쳐 많은 명작이 나오고 큰 발전이 일어났지.

이것이 나의 명작, 최후의 만찬이오!

---

[5] 연신 잇따라 자꾸. [6] 기법(技재주 기. 法법 법) 기교를 나타내는 방법. [7] 명작(名이름 명. 作지을 작) 이름난 훌륭한 작품.

독해 학습

1 빈칸을 채워 이 글의 중심 내용을 완성해 보세요.

중심
내용

> 르네상스 시대 천재 발명가이자 예술가 □□□

2 이 글의 다빈치에 대한 설명으로 알맞은 것을 <u>모두</u> 선으로 이어 보세요.

인물
이해

| ① 이탈리아 사람이다. | | ② 예수의 제자였다. |

다빈치

| ③ 수많은 명작을 남긴 화가이다. | | ④ 오늘날의 탱크와 비슷한 기계도 생각해 냈다. |

3 이 글을 읽고 〈최후의 만찬〉에 대한 설명으로 알맞지 <u>않은</u> 것을 골라 보세요. (   )

내용
이해

① 다빈치가 그린 작품이다.

② 가까이 있는 사람일수록 더 작고 흐릿하게 그렸다.

③ 예수와 그의 제자들이 함께 식사하는 모습을 그렸다.

④ 그림을 사실적으로 그리기 위해 예수의 머리 뒤에 후광을 그리지 않았다.

4 이 글을 읽고 빈칸에 들어갈 설명으로 알맞은 것을 골라 보세요. (   )

자료
해석

▲ 〈모나리자〉

용선생: 이것은 다빈치의 또 다른 명작인 〈모나리자〉란다. 다빈치는 이 그림에서 색깔 사이의 경계를 흐릿하게 처리하는 '스푸마토' 기법을 최초로 사용했어. 그래서 그림이 아주 신비롭게 보이지. 이렇게 다빈치는 ＿＿＿＿＿

① 여자 인물을 특히 잘 그렸어.

② 새로운 그림 기법을 많이 사용했어.

③ 그림에 다양한 색을 쓰는 것을 싫어했어.

④ 배경보다는 인물을 그리는 걸 더 좋아했어.

▶ 정답과 풀이 6쪽

5 빈칸을 채우며 이 글의 내용을 정리해 보세요.

핵심
정리

	레오나르도 다빈치
국적	이탈리아
소개	• ① [ ][ ][ ][ ] 시대를 대표하는 예술가 • 자연 현상을 관찰해 기발한 생각을 해냈던 천재 발명가 • 새로운 그림 기법을 만들어 수많은 명작을 남긴 뛰어난 화가
대표 작품	예수와 열두 제자의 모습을 그린 〈② [ ][ ][ ][ ] [ ][ ][ ]〉

어휘 학습

6 낱말의 알맞은 뜻을 찾아 선으로 이어 보세요.

어휘
복습

(1) 기법 •   • ① 이름난 훌륭한 작품.

(2) 명작 •   • ② 기교를 나타내는 방법.

(3) 기발하다 •   • ③ 놀라울 정도로 재치가 있고 뛰어나다.

7 빈칸에 들어갈 알맞은 낱말을 보기 에서 찾아 문장을 완성해 보세요.

어휘
적용

보기	만찬	묘사	두개골	연신

(1) 이 소설은 풍경을 눈에 보일 듯이 _____한다.

        ┗ 어떤 대상이나 사물, 현상 등을 언어로 서술하거나
         그림을 그려서 표현함.

(2) 지갑을 찾아준 사람에게 _____ 감사하다고 말했다.

        ┗ 잇따라 자꾸.

(3) 대통령은 손님들과 _____을 함께하며 외교 문제를 이야기했다.

        ┗ 손님을 초대하여 함께 먹는 저녁 식사.

가로세로 핵심어 찾기!

🔍 가로세로 열쇠 힌트를 읽고, 알맞은 핵심어를 넣어 가로세로 역사 퍼즐을 완성해 보세요.

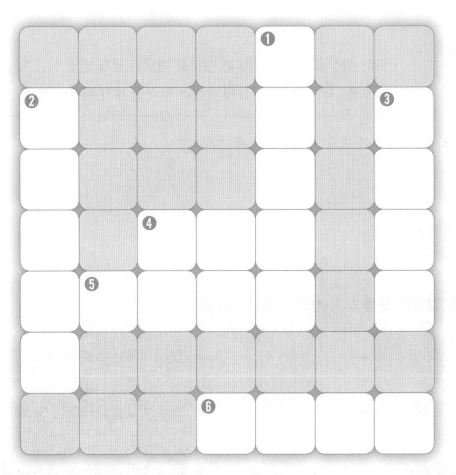

 가로 열쇠

❹ 청나라의 네 번째 황제야. 삼번의 난을 진압하고 61년 동안 청나라를 다스리며 전성기를 열었어.

❺ 옛날 인도에 있던 강력하고 부유한 나라야. ○○ ○○의 황제 샤 자한은 황후를 너무나 사랑했어.

❻ 인도의 상징 ○○○○은 세상에서 가장 아름다운 무덤으로 유명해.

 세로 열쇠

❶ 지중해 지역을 지배했던 이슬람 제국이야. 콘스탄티노폴리스를 함락시켜서 유럽을 공포에 떨게 했어.

❷ 천재 화가 레오나르도 다빈치의 작품이야. 예수님과 열두 제자의 마지막 저녁 식사 모습을 담았어.

❸ 지중해를 주름잡았던 악명 높은 해적이야. 오스만 제국의 해군 사령관이 되어 유럽 연합 함대를 무찔렀어.

유럽 사람들이 바닷길을 개척해
전 세계를 탐험하기 시작했어!
용감한 모험가들의 이야기를 들어볼까?

3주

1443년
훈민정음 창제

1592년
임진왜란 발발

1492년
콜럼버스,
아메리카
항로 개척

1499년
미켈란젤로,
〈피에타〉 완성

1517년
루터,
〈95개조 반박문〉
작성

1519년
마젤란,
세계 일주
항해를 떠남

1633년
갈릴레이,
종교 재판을
받음

회차		학습 내용	교과서 핵심어	교과 연계	학습 계획일
11		**미켈란젤로,** 위대한 예술가로 우뚝 서다	★ 미켈란젤로 ★ 이탈리아 ★ 피에타 ★ 르네상스	【중학 역사 I】 2. 세계 종교의 확산과 지역 문화의 형성 ④ 크리스트교 문화의 형성과 확산	월 일
12		**루터,** 부패한 교회에 맞서다	★ 루터 ★ 면벌부 ★ 독일 ★ 종교 개혁	【중학 역사 I】 2. 세계 종교의 확산과 지역 문화의 형성 ④ 크리스트교 문화의 형성과 확산	월 일
13		**갈릴레이,** 지동설을 주장하다	★ 갈릴레이 ★ 천동설 ★ 지동설	【중학 역사 I】 2. 세계 종교의 확산과 지역 문화의 형성 ④ 크리스트교 문화의 형성과 확산	월 일
14		**콜럼버스,** 아메리카 대륙에 도착하다	★ 콜럼버스 ★ 아메리카 ★ 신항로 개척	【중학 역사 I】 3. 지역 세계의 교류와 변화 ④ 신항로 개척과 유럽 지역 질서의 변화	월 일
15		**마젤란,** 세계 일주 항해에 나서다	★ 마젤란 ★ 마젤란 해협 ★ 태평양	【중학 역사 I】 3. 지역 세계의 교류와 변화 ④ 신항로 개척과 유럽 지역 질서의 변화	월 일

역사 놀이터

핵심어로 보물 상자 찾기!

미켈란젤로, 위대한 예술가로 우뚝 서다

미켈란젤로는 어떻게 르네상스를 대표하는 예술가가 되었을까?

미켈란젤로 부오나로티
(1475년 ~ 1564년)
이탈리아의 조각가이자 화가야. 레오나르도 다빈치와 더불어 르네상스를 대표하는 거장으로 수많은 걸작을 남겼지.

| 교과서 핵심어 | ★미켈란젤로 ★이탈리아 ★피에타 ★르네상스 |

"자네가 그 유명한 조각가 미켈란젤로인가? 내가 작품을 하나 의뢰하고 싶은데 말이야."

어느 날, 한 추기경이 이탈리아의 유명 조각가 미켈란젤로를 찾아왔어. 미켈란젤로는 아직 젊은 나이였지만 천재 조각가로 이름난 사람이었지.

"물론이죠, 추기경님. 최고의 작품을 만들어드릴 테니 저만 믿으세요."

미켈란젤로는 곧바로 작업을 시작했어. 밤낮없이 조각의 구도를 생각했고, 심지어 멀리 채석장까지 가서 재료로 쓸 대리석을 직접 골라 올 정도로 꼼꼼했지. 그렇게 1년 뒤, 미켈란젤로는 아름다운 조각을 완성했어. 조각은 커다란 성당 안에 전시되었지. 조각을 본 사람들은 누구나 크게 감탄했어.

"저 피부에 비친 핏줄이랑 근육 좀 봐!"

"옷 주름 하나하나도 너무 생생한걸? 성모 마리아와 예수가 다시 부활한 것 같아!"

완성된 작품의 이름은 〈피에타〉였어. 성모 마리아가 죽은 예수를 안고 슬퍼하는 모습을 표현한 조각이었지. 그런데, 한 가지 문제가 있었어. 〈피에타〉를 미켈란젤로가 만들었다는 사실을 아는 사람들이 없었던 거야.

"그나저나 누가 이렇게 아름다운 작품을 만들었대?"

"글쎄, 베로키오의 작품이라고 하던데?"

이 소식을 들은 미켈란젤로는 너무나 억울하고 자존심이 상했지.

"내가 이 작품을 만드느라 얼마나 애를 썼는데! 가만히 있을 수 없지!"

어느 깜깜한 밤, 미켈란젤로는 〈피에타〉가 전시된 성당 안으로 살금살금 들어갔어. 아무도 없는 고요한 성당 안에는 달빛만이 은은하게 퍼지고 있었지. 미켈

---

❶ 의뢰(依의지할 의, 賴의뢰할 뢰) 남에게 어떤 일을 부탁하여 맡김. ❷ 추기경(樞지도리 추, 機틀 기, 卿벼슬 경) 가톨릭 교회에서 교황을 보좌하는 높은 성직자. ❸ 구도(構얽을 구, 圖그림 도) 그림에서 모양, 색깔, 위치 등의 짜임새. ❹ 채석장(採캘 채, 石돌 석, 場마당 장) 큰 집을 짓거나 물건을 만들 때 쓰는 돌을 캐내는 곳.

란젤로는 〈피에타〉로 다가가 재빨리 자신의 이름을 새겼어.

'이제 내일이면 사람들이 내 실력을 ❻극찬하겠군!'

성당을 나온 미켈란젤로는 밤하늘을 보며 싱글벙글 웃었어. 그런데 아름다운 별을 바라보다 보니 문득 이런 생각이 들었지.

'신께서는 이 아름다운 세상을 만드셨지만 아무 흔적도 남기지 않으셨다. 그런데 나는 내 작품에 무슨 짓을 한 거지?'

미켈란젤로는 이름을 세상에 알리고 싶었던 자신이 몹시 부끄러워졌어. 그래서 〈피에타〉에 자신의 이름을 새긴 걸 크게 후회했지.

이후 미켈란젤로는 ❼명성에 신경 쓰기보다는 훌륭한 작품을 만들어내는 데 더 많은 힘을 쏟았어. 심지어 조각뿐 아니라 그림을 그리고, 건물을 ❽설계하기도 했지. 미켈란젤로의 작품을 볼 때마다 사람들은 감탄했어.

"조각가 미켈란젤로가 이렇게 아름다운 그림까지 그렸다고?"

"정말 대단하군! 못하는 게 없는 천재 예술가야!"

수많은 ❾걸작을 만든 미켈란젤로는 역사에 길이 이름을 남겼어. 미켈란젤로는 지금까지도 르네상스 시대의 위대한 예술가로 손꼽히지.

---

❺ 부활(復다시 부, 活살 활) 없어지거나 없어져 가던 것이 다시 옛 모습을 찾게 됨. ❻ 극찬(極다할 극, 讚기릴 찬) 매우 칭찬함. ❼ 명성(名이름 명, 聲소리 성) 세상에 널리 퍼져 평판이 높은 이름. ❽ 설계(設베풀 설, 計꾀할 계) 건축 등에 관한 계획을 세우거나 그 계획을 그림 등으로 나타내는 것. ❾ 걸작(傑뛰어날 걸, 作지을 작) 매우 훌륭한 작품.

1

중심
내용

이 글의 중심 내용으로 알맞은 것에 O표 해 보세요.

① 르네상스를
대표하는 예술가가
된 미켈란젤로

② 미켈란젤로의
경쟁 상대였던
베로키오

③ 성당에 몰래
들어갔다는 이유로
벌을 받은 미켈란젤로

2

인물
이해

이 글의 미켈란젤로에 대한 설명으로 알맞은 것을 <u>모두</u> 선으로 이어 보세요.

① 뛰어난 실력의
조각가였다.

② 조각뿐 아니라 그림도
잘 그렸다.

미켈란젤로

③ 로마 황제의 부탁으로
〈피에타〉를 조각했다.

④ 평생 자신의 이름을
알리는 일에만 매달렸다.

3

내용
이해

이 글을 읽고 〈피에타〉에 대한 설명으로 알맞지 <u>않은</u> 것을 골라 보세요. (   )

① 성당 안에 전시되어 있었다.

② 여러 빛깔의 물감으로 생생하게 그려 마치 살아있는 것처럼 보인다.

③ 죽은 예수를 안고 슬퍼하는 성모 마리아의 모습을 표현한 작품이다.

④ 미켈란젤로는 이 작품을 만들기 위해 직접 채석장까지 가서 돌을 구해왔다.

4

추론

이 글의 미켈란젤로가 다음과 같이 행동한 까닭을 골라 보세요. (   )

내가 만들었다는
표시를 해야지!

① 모든 작품마다 자기 이름을 새기는 습관이 있었기 때문에

② 사람들이 자신의 작품이라는 것을 알아봐 주길 원했기
때문에

③ 조각을 더욱 아름답게 하려면 이름을 새겨 넣어야 하기
때문에

④ 작품에 감탄한 추기경이 이름을 새겨 넣으라고 명령했기
때문에

▶ 정답과 풀이 7쪽

5 빈칸을 채우며 이 글의 내용을 정리해 보세요.

핵심
정리

조각가였던 ① [   ][   ][   ][   ] 는 죽은 예수를 안고 슬퍼하는 성

모 마리아를 조각한 ⟨② [   ][   ][   ]⟩라는 작품을 완성하여 사람들의 감탄을

자아냈다. 이후 수많은 걸작을 만들어낸 그는 지금까지도 르네상스 시대의 위대한 예술가

로 손꼽힌다.

어휘 학습

6 낱말의 알맞은 뜻을 찾아 선으로 이어 보세요.

어휘
복습

(1) 극찬 •   • ① 매우 칭찬함.

(2) 명성 •   • ② 매우 훌륭한 작품.

(3) 걸작 •   • ③ 세상에 널리 퍼져 평판이 높은 이름.

7 빈칸에 알맞은 낱말을 보기 에서 찾아 문장을 완성해 보세요.

어휘
적용

| 보기 | 의뢰 | 추기경 | 구도 | 채석장 | 부활 | 설계 |

(1) 이 건물은 영심이네 삼촌이 _____하셨다.
ㄴ 건축 등에 관한 계획을 세우거나 그 계획을 그림 등으로 나타내는 것.

(2) 이 미술 작품의 값을 매겨 달라는 _____를 받았다.
ㄴ 남에게 어떤 일을 부탁하여 맡김.

(3) _____이 무너져서 많은 사람이 다치는 사고가 일어났다.
ㄴ 큰 집을 짓거나 물건을 만들 때 쓰는 돌을 캐내는 곳.

12

루터,
부패한 교회에 맞서다

면벌부는 과연 무엇일까? 종교 개혁은 대체 어떻게 시작된 걸까?

 인물 사전

마르틴 루터
(1483년 ~ 1546년)

독일의 성직자야. 교회의 면벌부 판매를 비판하면서 종교 개혁의 불씨를 댕겼어.

| 교과서 핵심어 | ★루터 ★면벌부 ★독일 ★종교 개혁 |

"면벌부! 면벌부 사시오!"

독일의 한 가톨릭교회 앞에서 면벌부를 파는 사람들이 시끄럽게 소리를 쳤어.

"이 면벌부를 사면 돌아가신 부모님도 지옥에서 벌을 피할 수 있소!"

"면벌부를 사면 앞으로 어떤 죄를 짓더라도 용서받는다오!"

교회는 면벌부를 사면 지옥에 가도 벌을 받지 않는다고 가르쳤어. 사람들은 교회의 말을 곧이곧대로① 믿고 면벌부를 샀지. 교회는 면벌부를 비싼 값에 팔아서 많은 돈을 벌었어. 교황은 이렇게 번 돈으로 세상에서 가장 큰 성당을 지을 생각이었어.

그런데, 이때 독일에 루터라는 성직자가 있었어. 루터는 돈을 버는 데 눈이 벌② 건 교회가 몹시 한심했지.

"면벌부라니, 대체 성경 어디에 이런 말이 있단 말이냐!"

화가 난 루터는 면벌부가 어째서 잘못된 것인지 조목조목③ 적어 내려갔어. 그리고 자신이 살던 독일의 한 마을 교회 대문에 커다란 벽보④를 만들어 붙였지. 벽보에 적힌 조항⑤이 모두 95가지나 됐기 때문에, 이 벽보를 〈95개조 반박문〉이라고 해.

- 교황은 자기 마음대로 남의 죄를 용서할 수 없다.
- 면벌부로 구원 받았다고 믿는 사람이나, 그렇게 가르치는 사람 모두 영원히 저주를 받을 것이다.
- 진심으로 자기의 죄를 뉘우치는 사람은 면벌부가 없어도 벌을 받지 않는다.
- 교회는 이미 재산도 많은데 굳이 면벌부를 팔아서 성당을 세워야 하는가?

---

① 곧이곧대로 조금도 거짓이 없이 나타나거나 있는 그대로. ② 눈이 벌겋다 자기 잇속을 찾는 데만 몹시 열중하다. ③ 조목조목(條가지 조, 目눈 목, 條가지 조, 目눈 목) 각각의 항목마다 모두. ④ 벽보(壁벽 벽, 報알릴 보) 벽이나 게시판에 붙여서 널리 알리는 글. ⑤ 조항(條가지 조, 項항목 항) 법률이나 규정 등의 항목.

벽보를 본 사람들은 웅성거렸어.

"그렇다면 면벌부가 가짜라는 건가?"

<95개조 반박문>의 내용은 유럽 곳곳으로 퍼져 나갔지. 그러자 루터 말고도 많은 사람들이 너도나도 목소리를 더하기 시작했어.

"더는 면벌부를 파는 교황의 말을 들을 수 없소. 힘을 합쳐서 새로운 교회를 만듭시다."

이들은 교황의 말을 따르지 않는 새로운 교회를 만들었어. 이 사건을 종교 개혁[6]이라고 해. 종교 개혁으로 탄생한 크리스트교의 새로운 갈래를 개신교, 혹은 신교라고 하지.

루터의 종교 개혁 이후 유럽은 수백 년 동안 종교 개혁의 물결에 휘말렸어. 종교 개혁에 찬성하는 사람, 반대하는 사람이 나뉘어 격렬하게 전쟁을 벌이고 많은 사람이 죽기도 했지.

그리고 사람들의 생각도 많이 달라졌어. 이제껏 교회의 가르침이라면 무엇이든 믿고 따랐던 유럽 사람들이 바뀌기 시작한 거야.

"교회 말씀이 무조건 맞는 건 아니야! 이제 우리 스스로 생각해야 해."

유럽 사람들은 교회의 가르침에서 벗어나 저마다 독창적[7]인 생각을 나누었어. 그래서 새로운 사상[8]이 잇따라 등장하고 과학도 크게 발전하게 되었지. 이처럼 종교 개혁은 유럽의 모습을 크게 바꾸었어.

🏛 역사 사전

면벌부

(免면할 면 罰벌 벌 符부적 부) 크리스트교 신자가 지옥에서 벌을 받지 않도록 해 주는 문서야. 중세 가톨릭교회는 면벌부를 팔아 많은 돈을 벌었지.

종교 개혁

1500년대, 유럽에서 부패한 가톨릭교회의 개혁을 주장하며 시작된 개혁 운동이야. 종교 개혁을 통해 오늘날 개신교가 등장했어.

---

[6] **개혁**(改고칠 개, 革가죽 혁) 제도나 기구 등을 새롭게 뜯어 고침. [7] **독창적**(獨홀로 독, 創비롯할 창, 的과녁 적) 다른 것을 모방하지 않고 새로운 것을 처음으로 만들어 내거나 생각해 냄. [8] **사상**(思생각할 사, 想생각할 상) 어떠한 사물에 대하여 가지고 있는 구체적인 사고나 생각.

1 이 글의 중심 내용으로 알맞은 것을 골라 보세요. (   )

중심
내용

① 면벌부를 팔던 루터

② 성경에 기록되어 있는 면벌부

③ 면벌부로 구원을 받은 사람들

④ 루터의 면벌부 비판으로 시작된 종교 개혁

2 이 글의 루터에 대한 설명으로 알맞은 것을 <u>모두</u> 골라 보세요. (,   )

인물
이해

① 독일 출신의 성직자였다.

② 면벌부를 파는 교회를 비판했다.

③ 세상에서 가장 큰 성당을 지으려고 했다.

④ 종교 개혁을 이끈 공으로 훗날 교황이 되었다.

3 이 글의 <95개조 반박문>에 대한 검색 결과로 알맞지 <u>않은</u> 것을 골라 보세요. (   )

내용
이해

> 95개조 반박문

① 독일의 한 마을 교회 대문에 붙은 벽보이다.

② 면벌부가 어째서 잘못된 것인지 조목조목 적혀 있다.

③ <95개조 반박문>의 내용은 유럽 곳곳으로 퍼져 나갔다.

④ 루터는 <95개조 반박문>을 보고 나서 교회를 비판하기 시작했다.

4 이 글의 루터가 다음과 같이 말한 뒤 일어날 일로 알맞은 것을 골라 보세요. (   )

추론

① 교황이 자신의 잘못을 뉘우친다.

② 교회가 면벌부를 팔아 많은 돈을 거둔다.

③ 유럽 사람들이 교회의 말을 더욱 믿고 따르게 된다.

④ 종교 개혁에 찬성하는 사람과 반대하는 사람이 큰 전쟁을
   벌인다.

5 빈칸을 채우며 이 글의 내용을 정리해 보세요.

핵심
정리

유럽을 뒤바꾼 ① ☐ ☐ ☐ ☐	
뜻	1500년대 유럽에서 부패한 가톨릭교회를 바꾸자며 시작된 운동.
이끈 사람	독일의 성직자 ② ☐ ☐
영향	• 크리스트교의 새로운 갈래인 개신교가 탄생함. • 찬성하는 사람과 반대하는 사람들이 큰 전쟁을 벌임. • 새로운 사상이 등장하고 과학이 발전하는 데 영향을 끼침.

어휘 학습

6 낱말의 알맞은 뜻을 찾아 선으로 이어 보세요.

어휘
복습

(1) 개혁 •

(2) 사상 •

(3) 독창적 •

• ① 제도나 기구 등을 새롭게 뜯어 고침.

• ② 어떠한 사물에 대하여 가지고 있는 구체적인 사고나 생각.

• ③ 다른 것을 모방하지 않고 새로운 것을 처음으로 만들어 내거나 생각해 냄.

7 대화를 읽고 빈칸에 들어갈 알맞은 낱말을 써 보세요.

어휘
적용

하다: 선생님은 정말 수업을 잘하시는 것 같아.

선애: 맞아. 수업을 듣다 보면 중요한 내용을 ☐ ☐ ☐ ☐ 잘 알려주셔서 머릿속에 쏙쏙 들어온다니까.

하다: 응? 그게 무슨 말이야?

선애: 선생님이 중요한 내용을 '각각의 항목마다 모두' 잘 알려주신다는 뜻이야.

13 갈릴레이, 지동설을 주장하다

갈릴레이가 주장한 지동설이 뭘까? 갈릴레이는 왜 위대한 과학자로 존경받는 거지?

인물 사전

갈릴레오 갈릴레이
(1564년 ~ 1642년)
이탈리아의 과학자야. 실험을 통해 다양한 물리 법칙을 증명해 과학 발전에 큰 영향을 미쳤어. 지동설을 주장했다가 종교 재판을 받은 것으로 유명하지.

교과서 핵심어 | ★갈릴레이 ★천동설 ★지동설

이탈리아에 갈릴레이라는 사람이 있었어. 대학에서 수학과 천문학[1]을 가르치는 과학자였지. 갈릴레이는 자신이 직접 만든 망원경으로 밤하늘의 별을 관측[2]해서 유명해졌어.

"갈릴레이의 망원경을 직접 본 적 있나?"

"그래. 달이 꼭 눈앞에 있는 것처럼 가까이 보이던데!"

그러던 어느 날, 망원경으로 하늘을 관찰하던 갈릴레이가 놀라운 이야기를 꺼냈어.

"제가 망원경으로 별의 움직임을 관측해 보니, 아무래도 지구가 태양의 주위를 돌고 있는 것 같더군요."

옛날 사람들은 태양이 지구 주위를 돌고 있다고 생각했어. 이런 생각을 천동설이라고 해. 유럽 사람들도 대부분 천동설을 믿었어. 교회에서도 천동설이 옳다고 가르쳤지. 반면 지구가 태양 주위를 돈다는 생각인 지동설을 주장하는 사람들은 거의 없었어. 그런데 갈릴레이가 지동설을 주장한 거야.

"지구가 움직인다니, 말도 안 되는 소리!"

"만약 지구가 움직인다면 어째서 우리는 지구가 움직이는 걸 느끼지 못한다는 말이오?"

갈릴레이의 말을 비웃는 사람도 있었어. 하지만 유명한 과학자 갈릴레이가 지동설을 주장했다는 소식은 유럽에 순식간[3]에 퍼져 나갔지.

"갈릴레이도 지동설이 옳다고 했대."

"교회는 천동설이 옳다고 했는데! 그럼 교회가 또 틀렸다는 거야?"

당시 유럽에서는 루터가 시작한 종교 개혁이 한창이었어. 교회의 가르침이 또

---

❶ 천문학(天하늘 천, 文글월 문, 學배울 학) 과학의 한 분야로, 우주의 구조와 운동, 별의 탄생 등을 연구하는 학문. **❷ 관측**(觀볼 관, 測잴 측) 눈이나 기계로 자연 현상을 자세히 살펴보아 어떤 사실을 짐작하거나 알아냄. **❸ 순식간**(瞬눈 깜짝할 순, 息숨 쉴 식, 間사이 간) 눈을 한 번 깜짝하거나 숨을 한 번 쉴 만한 아주 짧은 동안.

틀렸다는 소문이 퍼져 나가면, 더 많은 사람이 가톨릭을 버릴 게 뻔했지. 교회는 발끈했어. 그래서 갈릴레이를 종교 재판에 세웠지.

"갈릴레이! 당신은 무슨 근거로 지동설이 옳다고 주장한 것이오?"

교회는 갈릴레이를 거세게 몰아붙였어. 계속 지동설을 고집하다가는 사형을 당할 수도 있었지.

'으으, 지동설이 맞지만 살려면 어쩔 수 없구나……'

위협을 느낀 갈릴레이는 결국 자신의 의견을 뒤집을 수밖에 없었어.

"제가 틀렸습니다. 천동설이 옳습니다."

하지만 지동설이 옳다고 생각하는 과학자는 점점 늘어났어. 결국 갈릴레이가 세상을 떠나고 얼마 지나지 않아, 지동설이 옳다는 것이 과학적으로 완전히 증명되었지.

"역시 갈릴레이의 말대로 지동설이 옳았어!"

오늘날 갈릴레이는 시대를 앞서갔던 위대한 과학자로 존경받고 있어.

📖 **역사 사전**

종교 재판
중세 가톨릭교회에서 교리에 어긋나는 행동을 하는 사람을 찾아 처벌하기 위해 연 재판이야.

---

④ 재판(裁마를 재, 判가름할 판) 사건을 법에 따라 판단하는 일. ⑤ 근거(根뿌리 근, 據의거할 거) 어떤 일이나 의견에 그 근본이 됨. 또는 그런 까닭. ⑥ 의견(意뜻 의, 見볼 견) 어떤 대상에 대하여 가지는 생각. ⑦ 증명(證증거 증, 明밝을 명) 어떤 사항이 진실인지 아닌지 증거를 들어서 밝힘.

1 이 글을 읽고 알맞은 내용에 선을 그어 중심 문장을 완성해 보세요.

중심
내용

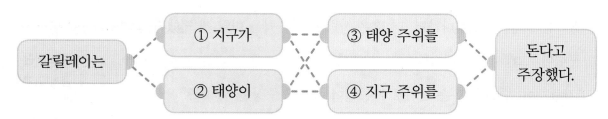

갈릴레이는

① 지구가

② 태양이

③ 태양 주위를

④ 지구 주위를

돈다고
주장했다.

2 이 글의 갈릴레이에 대한 검색 결과로 알맞지 <u>않은</u> 것을 골라 보세요. (   )

인물
이해

갈릴레이 ▼ 🔍

① [책] 종교 개혁의 지도자 갈릴레이

② [여행기] 갈릴레이의 고향, 이탈리아를 방문하다!

③ [지식백과] 갈릴레이가 만든 망원경은 어떤 모습일까?

④ [영상] 종교 재판에 선 갈릴레이, 판사에게 남긴 말은?

3 이 글의 내용과 일치하면 O표, 일치하지 않으면 X표 해 보세요.

내용
이해

(1) 교회의 신부님들은 대부분 지동설이 옳다고 생각했다.   (   )

(2) 태양이 지구 주위를 돈다는 생각을 천동설이라고 한다.   (   )

(3) 갈릴레이는 대학에서 망원경을 만드는 기술자였다.   (   )

4 다음 신문 기사에서 이 글의 내용과 일치하지 <u>않는</u> 것을 골라 보세요. (   )

내용
적용

○○ 신문　　　　　　　　　　　　　　　○○년 ○○월 ○○일

〈속보〉 갈릴레이, 지동설을 포기하다

오늘 갈릴레이의 종교 재판이 열렸다. ① 재판 끝에 갈릴레이는 천동설이 옳다며 이<u>전의 주장을 뒤집었다.</u> 그동안 갈릴레이는 ② <u>태양이 지구의 주위를 돈다는 천동설을</u> <u>부정하고,</u> ③ <u>지구가 태양의 주위를 돈다는 지동설을 주장하며</u> 수많은 논란을 일으켜 왔다. ④ <u>갈릴레이가 사형 판결을 받게 됨에 따라,</u> 천동설과 지동설을 둘러싼 논란은 마무리될 것으로 보인다.

5 빈칸을 채우며 이 글의 내용을 정리해 보세요.

핵심
정리

> 옛날 유럽 사람들은 태양이 지구 주위를 돈다는 ① ☐☐☐ 을 믿었다.
>
> 하지만 ② ☐☐☐☐ 는 관측 끝에 지구가 태양의 주위를 돈다고 주장
>
> 했다. 교회는 그를 종교 재판에 세운 뒤 거세게 몰아붙여 ③ ☐☐☐ 을 포
>
> 기하게 했다.

어휘 학습

6 낱말의 알맞은 뜻을 찾아 선으로 이어 보세요.

어휘
복습

(1) 관측 •

(2) 근거 •

(3) 천문학 •

• ① 어떤 일이나 의견에 그 근본이 됨.
또는 그런 까닭.

• ② 과학의 한 분야로, 우주의 구조와 운동, 별의 탄생 등을 연구하는 학문.

• ③ 눈이나 기계로 자연 현상을 자세히 살펴보아 어떤 사실을 짐작하거나 알아냄.

7 빈칸에 들어갈 알맞은 낱말을 보기 에서 찾아 문장을 완성해 보세요.

어휘
적용

보기	순식간	재판	의견	증명

(1) 네 생각이 정말로 맞는지 과학적으로 ＿＿＿＿＿＿해 보자.
　　　　　　　　　└ 어떤 사항이 진실인지 아닌지 증거를 들어서 밝힘.

(2) 우리의 ＿＿＿＿＿＿은 서로 다를 수 있지만, 서로 싸우지 말자.
　　　└ 어떤 대상에 대하여 가지는 생각.

(3) 선생님이 곧 결혼한다는 소식은 ＿＿＿＿＿＿에 학교 전체로 퍼졌다.
　　　　　　└ 눈을 한 번 깜짝하거나 숨을 한 번 쉴 만한 아주 짧은 동안.

14

콜럼버스, 아메리카 대륙에 도착하다

콜럼버스는 과연 무사히 아메리카에 도착했을까?

크리스토퍼 콜럼버스
(1450년 ~ 1506년)

이탈리아 출신의 탐험가야. 지구가 둥글다는 것을 믿고 대서양을 항해해 아메리카 대륙에 도착했어.

| 교과서 핵심어 | ★콜럼버스 ★아메리카 ★신항로 개척 |

'언젠가는 꼭 아시아에 가고 말 거야.'

이탈리아 출신의 젊은 탐험가 콜럼버스에게는 꿈이 있었어. 그건 바로 바다 건너 아시아로 가는 것이었지. 옛날 유럽 사람들은 아시아의 중국, 인도 같은 나라에 황금이 가득하다고 믿었거든.

하지만 아시아로 가는 길은 너무나 멀고 험했어. 요즘처럼 비행기도, 자동차도 없던 시절이었기 때문에, 걷거나 낙타를 타고 산과 사막을 몇 달에 걸쳐 건너야 했거든. 그나마 배를 타고 가면 빨리 갈 수 있지만, 유럽에서 아시아로 곧장 통하는 항로는 아직 그 누구도 알지 못했어.

그런데 콜럼버스는 여러 연구를 거듭한 끝에, 아시아로 가는 새로운 항로를 알아냈다고 말했어.

"여러분, 지구는 둥급니다. 그러니까 유럽에서 배를 타고 서쪽으로 계속 가다 보면 아시아에 도착합니다. 저한테 배만 맡겨 주시면 아시아로 가서 황금을 잔뜩 가져오겠습니다."

콜럼버스는 이렇게 이야기하며 유럽 곳곳의 왕과 귀족들을 설득하고 다녔어. 하지만 대부분 말도 안 된다며 고개를 내저었지. 지구는 너무나 커서, 아시아에 가기도 전에 바다 한가운데서 굶어 죽을 거라 여긴 거야.

그런데, 때마침 에스파냐의 이사벨 여왕이 아시아로 갈 길을 찾고 있었어. 이사벨 여왕은 콜럼버스의 말에 귀를 기울였지.

"자네에게 배를 맡기겠다. 만일 아시아에 도착해 황금을 찾으면, 그 황금의 10분의 1은 가져도 좋아."

"감사합니다! 반드시 성공하겠습니다!"

---

❶ 탐험가(探찾을 탐, 險험할 험, 家집 가) 위험을 무릅쓰고 어떤 곳을 찾아가서 살펴보고 조사하는 일을 전문으로 하는 사람. ❷ 항로(航배 항, 路길 로) 배가 지나다니는 바다의 길. ❸ 설득(說말씀 설, 得얻을 득) 상대편이 이쪽의 이야기를 따르도록 여러 가지로 깨우쳐 말함.

 역사 사전

이사벨 여왕

카스티야의 여왕이야. 이웃한 아라곤 왕국의 페르난도 2세와 결혼했지. 두 사람의 결혼으로 아라곤과 카스티야 왕국이 합쳐지며 오늘날의 에스파냐가 탄생했어.

신항로 개척

1400년대 이후, 유럽인들이 세계 곳곳으로 향하는 새로운 항로를 개척한 사건을 말해. 신항로 개척을 통해 유럽인들은 전 세계를 누비게 되었지.

1492년, 콜럼버스는 세 척의 배를 이끌고 아시아를 향해 출발했어. 콜럼버스 탐험대는 아무도 건넌 적 없는 대서양 한복판에서 굶주림과 두려움을 이겨냈지. 그렇게 꼬박 두 달 만에 수평선❹ 너머로 육지가 나타났어.

"신이시여, 감사합니다! 이 땅을 이사벨 여왕께 바칩니다!"

해변에 상륙❺한 콜럼버스는 감격하여 소리쳤어. 콜럼버스는 자신이 황금이 가득한 아시아의 어느 바닷가에 도착했다고 여겼지.

"이곳은 아시아가 틀림없어. 그런데 황금은 어디 있지?"

"일단 돌아갔다가 사람들을 더 데리고 다시 와 보시죠!"

콜럼버스는 에스파냐로 돌아온 뒤 세 차례나 항해를 더 떠났어. 하지만 아무리 찾아도 황금은 없었지. 그제서야 사람들은 콜럼버스가 아시아에 도착한 게 아니란 걸 깨달았어. 이곳은 지금껏 유럽인이 몰랐던 미지❻의 대륙❼ '아메리카'였지.

콜럼버스는 꿈꾸던 아시아에 가지 못한 채 세상을 떠났어. 하지만 콜럼버스의 항해 이후 유럽인들은 잇따라 세계 곳곳으로 향하는 항로를 개척❽하기 시작했어. 본격적인 신항로 개척이 시작된 거야.

 지리 사전

아메리카

대서양과 태평양으로 둘러싸인 큰 대륙이야. 크게 북아메리카와 남아메리카로 나뉘어. 북아메리카의 대표 국가는 미국, 남아메리카의 대표 국가는 브라질이야.

---

❹ 수평선(水물 수, 平평평할 평, 線선 선) 바다과 하늘이 맞닿아 경계를 이루는 선. ❺ 상륙(上위 상, 陸뭍 륙) 배에서 육지로 오름. ❻ 미지(未아닐 미, 知알 지) 아직 알지 못함. ❼ 대륙(大클 대, 陸뭍 륙) 바다로 둘러싸인 크고 넓은 땅. ❽ 개척(開열 개, 拓주울 척) 새로운 영역이나 운명, 진로를 처음으로 열어 나감.

1

이 글의 중심 내용으로 알맞은 것에 ○표 해 보세요.

중심
내용

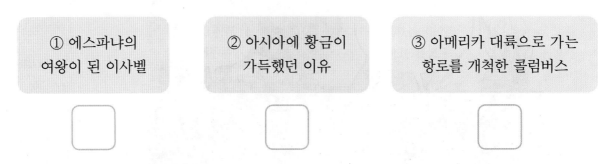

① 에스파냐의
여왕이 된 이사벨

② 아시아에 황금이
가득했던 이유

③ 아메리카 대륙으로 가는
항로를 개척한 콜럼버스

2

이 글의 콜럼버스에 대한 설명으로 알맞은 것을 <u>모두</u> 선으로 이어 보세요.

인물
이해

① 이탈리아 출신의
탐험가이다.

② 지구는 둥글다고
생각했다.

콜럼버스

③ 대서양을 건너 꿈꾸던
아시아에 도착했다.

④ 아메리카 대륙에서
많은 황금을 찾아냈다.

3

이 글의 내용과 일치하는 것을 골라 보세요. (   )

내용
이해

① 콜럼버스는 걸어서 아메리카 대륙에 도착했다.

② 유럽의 많은 왕들이 콜럼버스의 탐험을 지원했다.

③ 이사벨 여왕은 지구를 한 바퀴 도는 항로를 찾고 있었다.

④ 콜럼버스의 항해 이후 유럽에서는 본격적인 신항로 개척이 시작됐다.

4

이 글을 영화로 만들었어요. 영화에 들어갈 장면을 순서대로 번호를 써 보세요.

내용
적용

① 콜럼버스가
아메리카 대륙에
도착한 장면

② 항해 도중
콜럼버스 일행이
육지를 발견하는
장면

③ 이사벨 여왕이
콜럼버스가
항해를 떠날 수
있도록 도와주는
장면

④ 콜럼버스가
연구를 거듭해
아시아로 가는
새로운 길을
알아냈다고
말하는 장면

(   ) ➡ (   ) ➡ (   ) ➡ (   )

5 빈칸을 채우며 이 글의 내용을 정리해 보세요.

핵심
정리

탐험가 ① ☐☐☐☐ 는 황금을 찾아 아시아로 떠났다. 그는 유럽

을 떠난 지 두 달 만에 그는 육지에 도착하였다. 자신이 아시아에 도착한 줄 알았지만, 이

곳은 사실 ② ☐☐☐☐ 였다. 그는 아시아에 가지 못한 채 죽었지만

그의 항해 이후 유럽에는 본격적으로 ③ ☐☐☐ ☐☐ 이 시작

됐다.

어휘 학습

6 낱말의 알맞은 뜻을 찾아 선으로 이어 보세요.

어휘
복습

(1) 항로 •

(2) 개척 •

(3) 탐험가 •

• ① 배가 지나다니는 바다의 길.

• ② 새로운 영역이나 운명, 진로를 처음으로 열어 나감.

• ③ 위험을 무릅쓰고 어떤 곳을 찾아가서 살펴보고 조사하는 일을 전문으로 하는 사람.

7 보기 에서 알맞은 낱말을 찾아 밑줄 친 낱말을 바꾸어 써 보세요.

어휘
적용

| 보기 | 설득 | 수평선 | 상륙 | 미지 | 대륙 |

(1) 세상에는 과학으로 설명할 수 없는 <u>아직 알지 못하는</u> 사건이 많습니다.

➡ 세상에는 과학으로 설명할 수 없는 (   )의 사건이 많습니다.

(2) 저 멀리 <u>바다와 하늘이 맞닿아 경계를 이루는 선</u> 너머로 배 한 척이 보였다.

➡ 저 멀리 (   ) 너머로 배 한 척이 보였다.

15

마젤란, 세계 일주 항해에 나서다

마젤란은 왜 세계 일주에 나서게 된 걸까? 과연 성공했을까?

페르디난드 마젤란
(1480년 ~ 1521년)

포르투갈에서 태어나 에스파냐에서 활약한 탐험가야. 에스파냐의 후원을 받아 최초로 세계 일주에 나섰지.

| 교과서 핵심어 | ★마젤란 ★마젤란 해협 ★태평양 |

콜럼버스의 생각처럼 유럽에서 서쪽으로 항해해서 아시아로 가려는 탐험가가 또 있었어. 바로 포르투갈 출신의 탐험가 마젤란이었지.

"아메리카 대륙을 돌아서 서쪽으로 계속 가면 돼. 그럼 분명히 아시아에 도착할 수 있어. 거기서 계속 서쪽으로 항해하면 지구를 한 바퀴 돌 수 있을 거야."

1519년, 마젤란은 세계 최초로 세계 일주❶ 항해에 나서기로 마음 먹었어. 그리고 다섯 척의 배와 이백여 명의 뱃사람을 이끌고 힘차게 항해를 시작했지. 마젤란은 우선 아메리카 대륙의 해안선❷을 따라 남쪽으로 내려갔어. 대륙의 남쪽 끝을 돌아서 서쪽으로 향할 생각이었지.

그런데 아메리카 대륙은 마젤란의 생각보다 훨씬 컸어. 꼬박 열 달을 항해했지만 끝이 보이질 않았지. 선원들은 겁에 질렸어.

"대장! 언제까지 남쪽으로만 가는 겁니까?"

"이러다가는 다 굶어 죽습니다! 그만 포기하고 돌아갑시다."

하지만 마젤란은 선원들을 토닥이며 말했어.

"조금만 더 가면 된다. 위대한 발견이 코앞인데, 지금 포기할 순 없어."

화가 난 선원들은 반란❸을 일으켜 배를 강제로 빼앗으려 하기도 했어. 하지만 마젤란은 반란을 진압하고, 꿋꿋이 남쪽으로 배를 이끌었지.

그러는 사이 날씨도 점점 사나워졌어. 차가운 바람이 불고, 물 위에는 빙산이❹ 둥둥 떠다니고 있었지. 어느덧 남극에 가까워졌던 거야. 그런데, 추위에 덜덜 떨던 선원들의 눈이 휘둥그레졌어.

"대장, 저기 보십시오! 서쪽으로 통하는 물길이 보입니다."

"그래, 드디어 찾았구나. 저 길만 통과하면 서쪽으로 갈 수 있을 거야!"

---

❶ 일주(一한 일, 周두루 주) 일정한 경로를 한 바퀴 돎. ❷ 해안선(海바다 해, 岸언덕 안, 線줄 선) 바다와 육지가 맞닿은 선. ❸ 반란(叛배반할 반, 亂어지러울 란) 정부나 지도자에게 반대해 전쟁을 일으킴. ❹ 빙산(氷얼음 빙, 山메 산) 빙하에서 떨어져 나와 호수나 바다에 흘러 다니는 얼음덩어리.

하지만 마침내 찾아낸 물길은 너무나도 험했어. 물살이 거세서 배를 몰기가 어려웠고, 온통 깎아지른 절벽뿐이라 배를 잠시 멈추고 쉴 공간도 없었지. 마젤란 함대는 무려 한 달 동안이나 험한 물길을 헤치고 나갔어. 이때 마젤란 일행이 빠져나온 물길에는 '마젤란 해협'이란 이름이 붙었지.

마젤란 해협을 통과하자 눈앞에는 드넓은 바다가 펼쳐졌어. 마젤란은 감격한 듯 말했어.

"드디어 도착했구나. 이 바다를 '태평양'이라고 불러야겠다."

태평양은 '고요한 바다'라는 뜻이야. 마젤란 함대는 태평양을 횡단하여 세 달이나 항해한 끝에 바다 건너 필리핀에 도착했지. 마젤란의 생각대로 서쪽으로 지구를 한 바퀴 돌아 드디어 아시아에 도착한 거야.

"마침내 아시아에 도착했어. 내 생각이 맞았어!"

하지만 마젤란은 지구를 한 바퀴 돌아 유럽으로 돌아오진 못했어. 필리핀에서 원주민들과의 싸움에 휘말려 그만 목숨을 잃고 말았거든. 마젤란이 죽은 뒤에는 그 부하들이 항해를 계속해서 유럽으로 귀환했지. 그런데 돌아온 배는 다섯 척 중 한 척뿐이었고, 돌아온 선원은 200명 중 18명뿐이었대. 최초의 세계 일주 항해는 이토록 어려웠던 거야.

지리 사전

필리핀
약 7,000개의 섬으로 이뤄진 동남아시아의 나라야. 한때 에스파냐와 미국의 식민 지배를 받았어. 따뜻한 기후와 아름다운 자연환경 덕분에 관광산업이 발달했어.

⑤ 해협(海바다 해, 峽골짜기 협) 육지 사이에 끼어 있는 좁고 긴 바다. ⑥ 고요 조용하고 잠잠한 상태. ⑦ 횡단(橫가로 횡, 斷가를 단) 대륙이나 대양 등을 동서의 방향으로 가로 건넘. ⑧ 귀환(歸돌아갈 귀, 還돌아올 환) 다른 곳으로 떠나 있던 사람이 본래 있던 곳으로 돌아감.

1 빈칸을 채워 이 글의 중심 내용을 완성해 보세요.

중심
내용

세계 최초로 세계 일주 항해에 나선 ☐☐☐

2 이 글의 마젤란에 대한 설명으로 알맞지 <u>않은</u> 것을 골라 보세요. (   )

인물
이해

① 포르투갈 출신의 탐험가이다.

② 아메리카 대륙 남쪽을 향해 항해했다.

③ 최초로 세계 일주 항해에 나선 인물이다.

④ 지구 한 바퀴를 돌아서 유럽까지 성공적으로 돌아왔다.

3 이 글을 읽고 빈칸에 들어갈 지역의 이름을 써 보세요.

지도
읽기

마젤란 일행은 험한 마젤란 해협을 통과해 ☐☐☐ 에 도착했습니다. 아메리카 대륙 서쪽에 있는 거대한 바다로, 그 이름은 '고요한 바다'라는 뜻입니다.

4 이 글의 마젤란이 쓴 일기예요. 이 글의 내용과 일치하지 <u>않는</u> 것을 골라 보세요. (   )

내용
적용

세계 일주를 위한 항해

날짜: ○○년 ○○월 ○○일   날씨: 조금 흐림

① 아시아로 가기 위해 내 고향 유럽을 떠나온 지 오랜 시간이 지났다. 아메리카는 생각보다 큰 대륙이었다. 아메리카 대륙을 따라 ② 남쪽으로 갈수록 날씨는 점점 더워졌고, 지친 선원들은 반란까지 일으켰다. 하지만 우리는 끝끝내 ③ 아메리카 대륙의 남쪽 끝에서 서쪽으로 가는 물길을 찾아냈다. 그리고 ④ 드넓은 태평양을 횡단하여 마침내 아시아에 도착했다!

5 빈칸을 채우며 이 글의 내용을 정리해 보세요.

핵심
정리

포르투갈의 항해사 마젤란은

① ☐☐☐☐ 대륙을 돌아서 아시아까지 항해할 계획을 세웠다.

⬇

긴 항해 끝에 아메리카 대륙의 남쪽 끝에 도착한 마젤란은

험한 ② ☐☐☐ ☐☐ 을 통과해 태평양에 도착했다.

⬇

마젤란은 태평양을 건너 필리핀에 도착했지만 그곳에서 죽었고,
마젤란의 부하들만 항해를 이어 나가 유럽으로 귀환했다.

어휘 학습

6 낱말의 알맞은 뜻을 찾아 선으로 이어 보세요.

어휘
복습

(1) 일주 •

(2) 해협 •

(3) 횡단 •

• ① 일정한 경로를 한 바퀴 돎.

• ② 육지 사이에 끼어 있는 좁고 긴 바다.

• ③ 대륙이나 대양 등을 동서의 방향으로 가로 건넘.

7 밑줄 친 낱말의 뜻이 보기 와 같은 것을 골라 보세요. (   )

어휘
적용

보기   조용하고 잠잠한 상태.

① 한국으로 귀환하기까지 한 달이 남았다.

② 우리나라 남해안의 해안선은 드나듦이 몹시 복잡하다.

③ 북극과 가까운 추운 곳에서는 거대한 빙산을 볼 수 있다.

④ 밤바다는 너무나 고요해서 아주 작은 소리도 선명하게 잘 들린다.

역사 놀이터

▶ 정답 17쪽

핵심어로 보물 상자 찾기!

🔍 길을 따라가며 둘 중 설명에 맞는 핵심어에 ○표 하고, 표시한 핵심어에 그려진 보물 상자의 개수를 모두 더해 보세요.

세계 최초로 세계 일주 항해에 나선 인물이야.
마젤란 / 콜럼버스

교회는 이걸 사면 지옥에 가도 벌을 받지 않는다고 가르쳤어.
피에타 / 면벌부

지구가 태양 주위를 돌고 있다는 이론이야. 갈릴레오 갈릴레이가 주장했어.
천동설 / 지동설

종교 개혁을 통해 탄생한 크리스트교의 한 갈래를 의미해.
개신교 / 이슬람교

이탈리아의 유명한 조각가이자 화가야. 〈피에타〉를 비롯해 많은 걸작을 남겼지.
미켈란젤로 / 다빈치

유럽에서 아메리카로 가는 항로를 개척한 인물이야.
콜럼버스 / 미켈란젤로

▶ 찾은 보물 상자는 모두 ＿＿＿＿＿개!

옛날 프랑스에는 귀족들을 자기 마음대로 부린 왕이 있었어! 한번 만나러 가 보자.

4주

1592년 임진왜란 발발

1776년 정조 즉위

1521년 아스테카 제국 멸망

1534년 헨리 8세, 영국 교회 독립 선언

1588년 영국, 에스파냐 함대 격파

1643년 루이 14세 즉위

1703년 상트페테르부르크 건설

회차		학습 내용	교과서 핵심어	교과 연계	학습 계획일	
16		**코르테스**, 아스테카 제국을 무너뜨리다	★ 코르테스 ★ 에스파냐 ★ 아메리카 ★ 아스테카 제국	【중학 역사 I】 3. 지역 세계의 교류와 변화 ④ 신항로 개척과 유럽 지역 질서의 변화	월	일
17		**헨리 8세**, 아내와 헤어지려고 나라의 종교를 바꾸다	★ 헨리 8세 ★ 영국 ★ 성공회	【중학 역사 I】 3. 지역 세계의 교류와 변화 ④ 신항로 개척과 유럽 지역 질서의 변화	월	일
18		**엘리자베스 1세**, 에스파냐와 한판 승부를 벌이다	★ 엘리자베스 1세 ★ 영국 ★ 에스파냐	【중학 역사 I】 3. 지역 세계의 교류와 변화 ④ 신항로 개척과 유럽 지역 질서의 변화	월	일
19		**루이 14세**, 절대 왕권을 누리다	★ 루이 14세 ★ 프랑스 ★ 베르사유 궁전 ★ 절대 왕권	【중학 역사 I】 3. 지역 세계의 교류와 변화 ④ 신항로 개척과 유럽 지역 질서의 변화	월	일
20		**표트르 1세**, 유럽으로 향하는 문을 열다	★ 표트르 1세 ★ 러시아 ★ 상트페테르부르크	【중학 역사 I】 3. 지역 세계의 교류와 변화 ④ 신항로 개척과 유럽 지역 질서의 변화	월	일
역사 놀이터		**미로 탈출하며 핵심어 찾기!**				

16

코르테스, 아스테카 제국을 무너뜨리다

아메리카 대륙에 황금의 나라가 있었다고? 코르테스는 과연 황금의 나라를 정복했을까?

인물 사전

에르난 코르테스
(1485년 ~ 1547년)
에스파냐 출신의 모험가야. 멕시코의 아스테카 제국을 멸망시키고 이 지역을 에스파냐의 식민지로 삼았지.

| **교과서 핵심어** | ★코르테스 ★에스파냐 ★아메리카 ★아스테카 제국 |

콜럼버스의 뒤를 이어 나타난 에스파냐의 탐험가 중에 코르테스라는 사람이 있었어. 코르테스는 아메리카 대륙 어딘가에 황금의 나라가 있다는 소문을 들었지. 그래서 부하들과 함께 황금의 나라를 찾아 항해를 떠났어.

아메리카의 해안에 상륙한 코르테스는 자기가 타고 온 배를 모두 불태우며 결연하게❶ 말했어.

"여기 어딘가에 황금의 나라가 있다. 그곳을 찾을 때까지 우리는 돌아가지 않는다."

아메리카 대륙에서 코르테스가 찾은 나라는 아스테카 제국이었어. 오늘날 멕시코 지역에 있던 아스테카 제국은 아메리카 원주민❷ 수백만 명이 사는 나라였지. 아스테카는 큰 도시를 세우고 정밀한❸ 달력도 만들 정도로 문명이 발달한 나라였지만, 총이나 대포 같은 무기는 갖고 있지 않았어. 코르테스는 총과 대포를 앞세워 아스테카의 원주민을 공격했지.

"콰광- 탕탕!"

"저게 뭐지? 막대기가 불을 뿜고 있어!"

코르테스 탐험대와 만난 아스테카 사람들은 크게 놀랐어. 코르테스는 의기양양❹하게 요구했지.

"우리는 황금을 원한다. 너희들의 황제에게 안내해라!"

겁을 먹은 아스테카 사람들은 코르테스를 아스테카의 수도 테노치티틀란까지 안내했어. 테노치티틀란은 사람이 수십만 명이나 사는 거대한 도시였지. 높이가 수십 미터나 되는 피라미드 모양의 신전도 세워져 있었어. 화려한 도시를 본 코르테스의 입이 딱 벌어졌지.

---

❶ **결연하다**(決결정할 결, 然그럴 연) 마음가짐이나 행동에 있어 태도가 움직일 수 없을 만큼 확고하다. ❷ **원주민**(原근원 원, 住살 주, 民백성 민) 그 지역에 본디부터 살고 있는 사람들. ❸ **정밀**(精자세할 정, 密빽빽할 밀) 아주 정교하고 치밀하여 빈틈이 없고 자세함. ❹ **의기양양**(意뜻 의, 氣기운 기, 揚오를 양, 揚오를 양) 뜻한 바를 이루어 만족한 마음이 얼굴에 나타난 모양.

'이렇게 거대한 도시의 황제라면, 황금도 엄청나게 많겠지?'

욕심이 생긴 코르테스는 아스테카의 황제와 귀족들을 붙잡아 인질⑤로 삼았어. 그리고 아스테카 사람들에게 황금을 가져오라고 요구했지. 아스테카 사람들은 화가 잔뜩 났어.

"건방진 놈들! 이제는 참을 수 없어!"

아스테카 사람 수만 명이 코르테스 탐험대를 공격했어. 코르테스 탐험대는 총과 대포로 맞섰지만, 아스테카 사람들이 너무 많아서 상대가 되지 않았지. 코르테스는 간신히 목숨만 건진 채 도망쳐야 했어.

그런데 얼마 뒤, 아스테카에 무시무시한 병이 번지기 시작했어. 바로 천연두였지. 천연두는 한번 걸린 사람은 거의 모두 목숨을 잃는 병인데, 아메리카에는 원래 천연두 같은 무서운 병이 없었어. 유럽에서 온 코르테스 일행⑥ 중 누군가가 아스테카 제국에 천연두를 퍼뜨렸던 거야. 수많은 아스테카 사람들이 천연두에 걸려 속수무책⑦으로 목숨을 잃었지.

"하늘이 주신 기회다. 아스테카를 공격하자!"

코르테스는 기회를 놓치지 않고 다시 군대를 모아 아스테카를 몰아붙였어. 아스테카 제국은 이렇게 허무하게⑧ 망하고 말았지. 멕시코 지역은 그 후 에스파냐의 지배를 받는 식민지가 되었어.

역사 사전

아스테카 제국

지금의 멕시코 지역을 다스렸던 원주민 제국이야. 1300년대에 세워져 에스파냐에게 멸망할 때까지 번영을 누렸지.

지리 사전

멕시코

미국의 남쪽에 국경을 접하고 있는 나라야. 옛날부터 멕시코를 무대로 원주민들의 문명이 발달했지.

⑤ 인질(人사람 인. 質바탕 질) 약속을 지키게 하도록 붙잡아 두는 사람. ⑥ 일행(一한 일. 行다닐 행) 함께 길을 가는 사람들의 무리. ⑦ 속수무책(束묶을 속. 手손 수. 無없을 무. 策꾀 책) 손을 묶은 것처럼 어쩔 도리가 없어서 꼼짝 못 함. ⑧ 허무(虛빌 허. 無없을 무) 아무것도 없이 텅 빔.

1 빈칸을 채워 이 글의 중심 내용을 완성해 보세요.

중심
내용

아메리카 원주민의 [ ][ ][ ][ ] 제국을 무너뜨린 탐험가 코르테스

2 이 글의 코르테스에 대한 내용과 일치하면 O표, 일치하지 않으면 X표 해 보세요.

인물
이해

(1) 에스파냐 출신의 탐험가였다. ( )

(2) 지구를 한 바퀴 돌아서 아시아로 가려는 꿈을 가지고 있었다. ( )

(3) 아스테카 제국을 공격하던 중 천연두에 걸려서 목숨을 잃었다. ( )

(4) 아메리카 대륙 어딘가에 황금의 나라가 있다는 소문을 들었다. ( )

3 이 글의 아스테카 제국에 대한 설명으로 알맞은 것을 <u>모두</u> 선으로 이어 보세요.

내용
이해

① 총과 대포를
사용했다.

② 간단한 달력도
만들 줄 몰랐다.

아스테카 제국

③ 수도는
테노치티틀란이었다.

④ 아메리카 원주민 수백만
명이 사는 나라였다.

4 이 글의 코르테스가 다음과 같이 말한 뒤 일어날 일로 알맞은 것을 골라 보세요. ( )

추론

하늘이
주신 기회다.
아스테카를
공격하자!

① 코르테스 일행이 황금을 찾아 떠난다.

② 코르테스 일행이 타고 온 배를 불태운다.

③ 아스테카 제국이 코르테스에게 멸망한다.

④ 코르테스 일행이 천연두에 걸려 목숨을
잃는다.

5 빈칸을 채우며 이 글의 내용을 정리해 보세요.

핵심
정리

	탐험가 ① ____ 가 무너뜨린 아스테카 제국		
위치	아메리카 대륙, 오늘날 멕시코 지역		
수도	테노치티틀란		
소개	• 피라미드 모양의 신전이 있었다. • 화려한 도시와 발전된 문명을 가지고 있었다. • ② ____ 의 식민지가 되었다.		

어휘 학습

6 낱말의 알맞은 뜻을 찾아 선으로 이어 보세요.

어휘
복습

(1) 인질 •

(2) 허무 •

(3) 원주민 •

• ① 아무것도 없이 텅 빔.

• ② 그 지역에 본디부터 살고 있는 사람들.

• ③ 약속을 지키게 하도록 붙잡아 두는 사람.

7 다음 설명을 읽고 밑줄 친 사자성어가 알맞게 쓰인 문장을 골라 보세요. (   )

어휘
적용

속수무책(束手無策)은 손이 묶인 것처럼 어쩔 도리가 없어서 꼼짝 할 수가 없다는 의미이다.

① 오랜만에 친한 친구를 만나니 기분이 속수무책이다.

② 너랑 나는 속수무책이라 서로 눈빛만 봐도 마음이 통한다.

③ 불이 크게 났지만 끌 방법이 없어서 속수무책으로 바라만 보고 있었다.

④ 우리나라 대표팀이 속수무책으로 다섯 번이나 이기며 결승에 진출했다.

17 헨리 8세, 아내와 헤어지려고 나라의 종교를 바꾸다

아내와 헤어지려고 나라의 종교를 바꾼 왕이 있었다니! 헨리 8세는 어떤 사람이었을까?

인물 사전

헨리 8세
(1491년 ~ 1547년)

영국의 왕이야. 아내와 헤어지는 것을 계기로 가톨릭교회에서 벗어나 '성공회'를 세웠어.

| 교과서 핵심어 | ★헨리 8세 ★영국 ★성공회 |

영국의 왕 헨리 8세는 걱정이 많았어. 결혼한 지 벌써 20년이 넘게 흘렀는데, 왕비가 아직도 왕위를 이을 왕자를 낳지 못했거든. 헨리 8세는 왕비인 캐서린이 문제라고 생각했지.

"아무래도 캐서린 왕비랑 헤어지고 새 왕비를 들여야겠어."

헨리 8세가 굳게 다짐한 듯 말했어. 하지만 신하들은 난처한 듯 고개를 내저었지.

"전하, 하지만 교황님은 이혼을 절대로 허락하지 않으실 겁니다."

당시 가톨릭을 믿는 사람들은 이혼할 수 없었어. 결혼은 하느님에게 한 성스러운 약속이기 때문이야. 그래도 헨리 8세는 교황에게 아내와 헤어지는 것을 허락해 달라고 부탁했어. 하지만 교황은 헨리 8세의 부탁을 단번에 거절했지.

"아들을 낳지 못해서 왕비와 헤어진다니? 아무리 왕이라고 해도, 그런 말도 안 되는 일을 허락할 수는 없소."

교황의 거절에 헨리 8세는 화가 많이 났어. 헨리 8세는 성격이 급하고 자존심도 센 사람이었거든. 게다가 한번 마음먹은 일은 꼭 해야 직성이 풀리는 사람이었지. 헨리 8세는 곰곰이 생각에 잠겼어.

'무슨 수를 써서든 왕비와 헤어져야겠다. 좋은 방법이 없을까?'

아내와 헤어질 방법을 오랫동안 궁리하던 헨리 8세는 마침내 사람들 앞에 나서서 이렇게 선언했어.

"이제부터 우리 영국의 교회는 교황의 명령을 받지 않는다. 이제부터는 교황 대신 국왕인 내 말을 따르라."

"전하! 그게 무슨 말씀입니까? 절대 안 됩니다!"

---

❶ **왕위**(王임금 왕. 位자리 위) 임금의 자리. ❷ **성스럽다**(聖성인 성) 함부로 가까이할 수 없을 만큼 순결하고 위대하다. ❸ **자존심**(自스스로 자. 尊높을 존. 心마음 심) 남에게 굽히지 아니하고 자신의 품위를 스스로 지키려는 마음. ❹ **직성**(直곧을 직. 星별 성) 타고난 성격이나 성질.

"어허, 내가 영국의 왕이다. 너희는 영국 사람이 아니냐? 그러니 영국의 교회
도 당연히 영국 국왕인 내 말을 듣는 것이 마땅하다!"[5]

청천벽력[6] 같은 소리에 신하들이 아우성을 쳤지만, 헨리 8세는 눈 하나 깜빡하
지 않았어. 오히려 이참에 자신의 말을 듣지 않는 신하들을 모조리 몰아내기로
했지. 헨리 8세는 자신의 말을 따르지 않는 성직자[7]들도 모두 쫓아내고, 영국의
교회가 가지고 있던 땅과 재산도 차지했어. 그리고 즉시 캐서린 왕비를 쫓아내고
새 왕비와 결혼까지 했지.

"뭐야, 고작 왕비와 헤어지려고 교황의 말을 무시해?"

교황은 크게 화가 났어. 하지만 헨리 8세를 혼내줄 뾰족한 방법은 없었지. 유
럽에서 종교 개혁이 시작된 후로는 예전처럼 교황의 말을 귀담아 듣는 사람이 많
지 않았거든.

이렇게 해서 영국 교회는 교황의 가톨릭교회
와 영영 결별[8]했어. 교황에게서 벗어나 새 출발한
영국 교회는 성공회라는 이름으로 불리게 되었
지. 헨리 8세는 새 아내를 들이려고 나라의 종교
까지 바꾼 거야.

그 후 헨리 8세는 모든 영국 사람들이 자신이
만든 성공회 신자가 되게 했어. 한 나라의 왕이
면서 교회까지 이끌게 되자, 헨리 8세의 힘은 더
욱 세졌지. 덕분에 헨리 8세는 영국 역사에서 손
꼽히게 권력이 강했던 왕으로 이름을 날리게 되었어.

역사 사전

성공회

가톨릭교회로부터 분리해
나간 영국 교회야. 교회를 이
끄는 사람이 영국의 국왕이
라는 점 외에는 가톨릭교회
와 크게 다른 게 없어.

누가 감히
나의 길을 막을
거냐?

---

[5] **마땅하다** 어떤 조건에 잘 어울리거나 적당하다. [6] **청천벽력**(靑푸를 청. 天하늘 천. 霹벼락 벽. 靂벼락 력) 마른하늘에
날벼락이란 뜻으로, 뜻밖에 일어난 큰 사건. [7] **성직자**(聖성인 성. 職벼슬 직. 者사람 자) 신부님이나 스님. 목사님처럼 종
교에 관한 일을 맡아서 하는 사람. [8] **결별**(訣이별할 결. 別나눌 별) 관계나 사귐을 끊고 헤어짐.

1 이 글의 중심 내용으로 알맞은 것에 ○표 해 보세요.

중심
내용

| ① 왕자를 낳지 못한 캐서린 왕비 | ② 헨리 8세와 캐서린 왕비의 사랑 | ③ 왕비와 헤어지기 위해 새로운 교회를 세운 헨리 8세 |

☐   ☐   ☐

2 이 글의 헨리 8세에 대한 검색 결과로 알맞지 <u>않은</u> 것을 골라 보세요. (   )

인물
이해

헨리 8세   ▼ 🔍

① 영국의 왕이다.

② 성공회를 만들었다.

③ 강력한 왕권을 휘둘렀다.

④ 캐서린 왕비와 평생 같이 살았다.

3 이 글의 내용과 일치하면 ○표, 일치하지 않으면 X표 해 보세요.

내용
이해

(1) 캐서린과 헤어진 헨리 8세는 평생 혼자 살았다. (   )

(2) 당시 가톨릭을 믿는 사람들은 이혼을 할 수 없었다. (   )

(3) 교황은 자신을 무시하는 헨리 8세에게 큰 벌을 주었다. (   )

(4) 헨리 8세는 아들을 낳지 못하는 이유가 자신 때문이라고 생각했다. (   )

4 이 글을 영화로 만들었어요. 영화에 들어갈 장면을 순서대로 번호를 써 보세요.

내용
적용

| ① 캐서린 왕비가 왕자를 낳지 못해 고민하는 헨리 8세 | ② 캐서린 왕비를 쫓아내고 새 왕비와 결혼한 헨리 8세 | ③ 사람들에게 교황의 명령을 따르지 말라고 명령하는 헨리 8세 | ④ 교황에게 캐서린 왕비와 헤어지게 해 달라고 부탁하는 헨리 8세 |

(   ) ➡ (   ) ➡ (   ) ➡ (   )

5

핵심
정리

빈칸에 공통으로 들어갈 알맞은 낱말을 써 이 글의 내용을 정리해 보세요.

- 교회 이름: ◯◯◯
- 만든 사람: 헨리 8세
- 만든 배경: 교황은 헨리 8세가 왕비와 헤어지는 것을 허락하지 않았다. 화가 난 헨리 8세는 국왕의 명령을 받는 새 영국 교회 ◯◯◯를 세워 가톨릭교회와 갈라섰다.

 어휘 학습

6

어휘
복습

낱말의 알맞은 뜻을 찾아 선으로 이어 보세요.

(1) 왕위 •　　　　　• ① 임금의 자리.

(2) 결별 •　　　　　• ② 관계나 사귐을 끊고 헤어짐.

(3) 마땅하다 •　　　　• ③ 어떤 조건에 잘 어울리거나 적당하다.

7

어휘
적용

빈칸에 들어갈 알맞은 낱말을 보기 에서 찾아 문장을 완성해 보세요.

보기　　　성스럽다　　　자존심　　　직성　　　청천벽력　　　성직자

(1) 수재는 궁금한 건 꼭 물어봐야 _____이 풀린다.
　　　　　　　　　　　　　　　　└ 타고난 성격이나 성질.

(2) 성당에 가득 울려 퍼지는 합창단의 목소리가 무척이나 신비하고 _____.
　　　　　　　　　　　　　　　　　　함부로 가까이할 수 없을 만큼 순결하고 위대하다. └

(3) 집에서 키우는 강아지가 사라졌다는 _____ 같은 소식에 나는 깜짝 놀라 주저
　　　앉고 말았다.　　　　　　　└ 마른하늘의 날벼락이란 뜻으로, 뜻밖에 일어난 큰 사건.

18 엘리자베스 1세, 에스파냐와 한판 승부를 벌이다

영국과 에스파냐 사이에 한판 승부가 펼쳐졌어! 승자는 과연 누구일까?

인물 사전

엘리자베스 1세
(1533년 ~ 1603년)
헨리 8세의 딸로, 영국의 왕이 되었어. 스물다섯 살에 즉위해 45년간 나라를 다스리며 영국을 강대국으로 만들었지.

| 교과서 핵심어 | ★엘리자베스 1세 ★영국 ★에스파냐 |

1558년, 엘리자베스 1세가 스물다섯 살 젊은 나이로 영국의 왕으로 즉위했어. 결혼도 하지 않은 젊은 여자가 왕이 되자 영국 사람들은 모두 불안해했지.

"여자가 다스리는 나라라고 주변에서 우습게 보는 건 아닐까?"

"맞아. 빨리 든든한 남편을 맞이하셔야 나라가 튼튼해질 텐데!"

신하들은 여왕의 남편감을 찾으려 했어. 이웃 나라의 여러 왕과 귀족이 후보❶로 오르내렸지. 하지만 여왕은 당당하게 말했어.

"나는 이미 영국과 결혼했소. 영국은 내가 지킬 것이니, 남편은 필요 없소."

엘리자베스 1세는 남편 없이, 오로지 영국을 지키는 데에 평생을 바치겠다고 선언한 거야.

이때 유럽에서 제일가는 부자 나라는 에스파냐였어. 에스파냐는 아메리카 대륙에 커다란 식민지❷를 만들고 거기서 나오는 금은보화를 독차지❸했지. 그래서 금과 은을 잔뜩 실은 에스파냐 보물선이 바다를 쉴 새 없이 오가고 있었어.

'에스파냐가 차지한 금은보화를 빼앗아 올 좋은 방법이 없을까?'

엘리자베스 1세는 유명한 해적 드레이크를 불러들였어.

"에스파냐의 보물선을 털어라. 필요한 게 있다면 내가 도와주겠다."

"알겠습니다! 맡겨만 주십시오."

엘리자베스 1세의 명령을 받은 드레이크는 에스파냐의 보물선들을 닥치는 대로 습격❹했어. 보물을 빼앗긴 에스파냐는 큰 손해를 봤어. 화가 난 에스파냐는 영국에 사람을 보냈지.

"지금 당장 드레이크를 붙잡아 사형에 처하시오. 아니면 우리 에스파냐 함대의 뜨거운 맛을 보게 될 거요!"

---

❶ 후보(候기후 후, 補기울 보) 어떤 자리에 오르기 위해 일정한 자격을 갖춘 사람. ❷ 식민지(植심을 식, 民백성 민, 地땅 지) 힘이 센 다른 나라에게 정치적, 경제적으로 지배를 받는 나라. ❸ 독차지(獨홀로 독) 혼자서 모두 차지함. ❹ 습격(襲 엄습할 습, 擊부딪칠 격) 갑자기 나타나 공격함.

하지만 엘리자베스 1세는 에스파냐의 위협에도 눈 하나 깜빡하지 않았지.

"드레이크는 나의 신하다. 어디 하고 싶은 대로 해 보시지?"

엘리자베스 1세는 오히려 드레이크를 기사로 임명하고 영국 해군의 지휘까지 맡겼어. 엘리자베스 1세의 행동에 에스파냐는 화가 잔뜩 났어.

"건방진 여왕 같으니, 본때를 보여주마!"

에스파냐는 거대한 함대를 보내 영국을 짓밟기로 했어. 곧 커다란 군함[6] 수백 척이 영국 코앞에 나타났지. 영국 해군을 이끄는 드레이크는 이 모습을 보며 차분하게 작전을 짰어.

"바람이 에스파냐 쪽으로 부는구나. 작은 배에 불을 붙여 떠내려 보내라."

불붙은 배들이 떠내려오자, 이걸 피하느라고 에스파냐 함대는 이리저리 뒤엉키며 엉망이 되었지. 영국 해군은 이 기회를 놓치지 않고 에스파냐 함대에게 달려들었어.

"지금이다! 공격해라!"

온종일 치열한 전투가 이어졌어. 결국, 에스파냐 함대는 크게 패배하고 사방으로 뿔뿔이 흩어졌지.

"우리가 에스파냐를 꺾었다. 여왕 폐하 만세!"

에스파냐를 무찌른 영국은 유럽의 바다를 주름잡는 강국[7]이 되었어. 영국은 드넓은 바다를 누비며 다른 나라와의 무역[8]을 통해 큰돈을 벌어들였지. 엘리자베스 1세는 영국을 강한 나라로 발돋움시킨 여왕으로 지금도 존경 받고 있어.

---

[5] 손해(損덜 손. 害해로울 해) 돈이나 재산 등을 일는 피해를 입음. [6] 군함(軍군사 군. 艦싸움배 함) 해군이 전투를 치르는 데 쓰이는 배. [7] 강국(強강할 강. 國나라 국) 경제력과 군사력이 뛰어나 세계적으로 인정을 받는 나라. [8] 무역(貿바꿀 무. 易바꿀 역) 지역이나 나라 사이에 서로 물건을 사고파는 일.

1 이 글의 중심 내용으로 알맞은 것을 골라 보세요. (   )

중심
내용

① 해적 노릇을 일삼았던 드레이크

② 남편감을 찾지 못한 엘리자베스 1세

③ 영국을 강국으로 만든 엘리자베스 1세

④ 영국에게 패배하고 식민지를 빼앗긴 에스파냐

2 이 글의 엘리자베스 1세에 대한 설명으로 알맞은 것을 <u>모두</u> 선으로 이어 보세요.

인물
이해

① 영국의 왕이다.		② 영국 해군을 직접 지휘했다.
	엘리자베스 1세	
③ 에스파냐를 식민지로 만들었다.		④ 해적 드레이크에게 영국 해군의 지휘를 맡겼다.

3 이 글의 엘리자베스 1세가 다음과 같이 말한 까닭으로 알맞은 것을 골라 보세요. (   )

내용
이해

> 나는 이미 영국과 결혼한 몸입니다.

① 젊은 나이로 국왕이 되었기 때문이다.

② 결혼하지 않은 사람은 왕이 될 수 없었기 때문이다.

③ 영국을 다스리는 데 평생을 바치고 싶었기 때문이다.

④ 후보에 오른 남편감들이 마음에 들지 않았기 때문이다.

4 이 글의 엘리자베스 1세가 다음과 같이 말한 뒤 일어날 일로 알맞지 <u>않은</u> 것을 골라 보세요.

추론

(   )

① 영국이 유럽의 바다를 장악했다.

② 영국이 에스파냐의 식민지가 되었다.

③ 영국이 에스파냐와의 전투에서 승리했다.

④ 영국이 바닷길을 통한 무역으로 강국이 되었다.

5 빈칸을 채우며 이 글의 내용을 정리해 보세요.

핵심
정리

오늘의 인물: ① ⬜⬜⬜⬜ 1세	
국적	영국
직업	국왕
한 일	• 해적 드레이크를 시켜 ② ⬜⬜⬜⬜ 의 보물선을 약탈했다. • 에스파냐를 무찌르고 영국을 강국으로 성장시켰다.

어휘 학습

6 낱말의 알맞은 뜻을 찾아 선으로 이어 보세요.

어휘
복습

(1) 군함 •

(2) 강국 •

(3) 독차지 •

• ① 혼자서 모두 차지함.

• ② 해군이 전투를 치르는 데 쓰이는 배.

• ③ 경제력과 군사력이 뛰어나 세계적으로 인정을 받는 나라.

7 보기 에서 알맞은 낱말을 찾아 밑줄 친 말을 바꾸어 써 보세요.

어휘
적용

보기	후보	식민지	습격	손해	무역

(1) 산에서 내려온 멧돼지가 마을에 갑자기 나타나 공격했다.

➡ 산에서 내려온 멧돼지가 마을을 ( )했다.

(2) 여름철 장마가 길어지면서 농민들이 돈이나 재산 등을 잃는 피해를 입었다.

➡ 여름철 장마가 길어지면서 농민들이 ( )를 입었다.

19

루이 14세, 절대 왕권을 누리다

프랑스 왕 루이 14세가 절대 왕권을 누렸다고? 절대 왕권이 뭘까?

인물 사전

루이 14세
(1638년 ~ 1715년)

프랑스의 국왕이야. 화려하고 거대한 베르사유 궁전을 짓고 절대 왕권을 휘둘렀지.

| 교과서 핵심어 | ★루이 14세　★프랑스　★베르사유 궁전　★절대 왕권 |

"모두 허리를 숙이시오! 국왕께서 입장하십니다!"

귀족들로 가득한 연회장❶에 커다란 목소리가 울려 퍼졌어. 이곳은 프랑스의 베르사유 궁전이야. 베르사유 궁전은 프랑스 왕 루이 14세가 지었는데, 당시 유럽에서 가장 아름답고 화려한 궁전이었지. 특히 귀족들의 연회가 열리는 '거울의 방'은 열일곱 개의 거대한 거울과 반짝반짝 빛나는 유리 조명❷으로 장식된 곳이었어. 귀족들은 저마다 화려한 옷을 입고 거울의 방에 모여 있었지.

이윽고 루이 14세가 등장하자, 귀족들은 우아하게 허리를 숙였어.

"전하! 가발을 새로 맞추셨군요. 오늘 밤과 너무 잘 어울립니다!"

한 사람이 기쁜 듯 말했어. 그런데, 주변의 다른 귀족들이 도끼눈❸을 뜨고 외쳤어.

"무례하군❹! 예절도 모르고 감히 전하께 함부로 말을 거는가? 이 자를 당장 내보내게!"

"앗, 죄송합니다, 전하! 제가 미처 몰랐습니다!"

루이 14세 곁에 가려면 아주 복잡한 예절을 지켜야 했어. 루이 14세는 자기 맘에 쏙 드는 사람만 곁에 올 수 있도록 했지. 그래서 왕과 이야기를 나눌 수 있는 사람은 물론이고, 왕의 옷을 받아드는 사람, 심지어 왕의 변기를 치우는 사람도 모두 귀족들 가운데 미리 정해져 있었어.

귀족들은 무슨 역할이든 맡아서 루이 14세 곁에 가려고 애를 썼어. 일단 왕과 가까워지면, 저절로 높은 귀족이 돼서 큰 권력❺을 가질 수 있거든.

"오늘 저녁 메뉴는 무엇인가?"

"송아지 간 요리입니다, 전하. 가서 앉으시지요."

---

❶ 연회(宴잔치 연, 會모일 회) 여러 사람이 모여 음식을 먹거나 즐기는 잔치. ❷ 조명(照비출 조, 明밝을 명) 빛을 비추어 밝게 보이게 함. ❸ 도끼눈 화가 나거나 미워서 무섭게 쏘아보는 눈을 이르는 말. ❹ 무례(無없을 무, 禮예도 례) 태도나 말에 예의가 없음.

　　루이 14세가 식탁에 앉자 귀족들이 우르르 주변에 모여들었어. 하지만 신분
이 높은 귀족만이 국왕이 식사를 할 때 가까이 갈 수 있었어. 루이 14세가 가장
잘 보이는 식탁 맞은편에 신분이 가장 높은 귀족이 앉고, 낮은 귀족들은 서서
루이 14세를 지켜봐야 했지. 가까운 자리를 차지한 귀족은 감격에 찬 목소리로
말했어.

　　"전하의 식사를 가까이에서 지켜볼 수 있게 되어 영광입니다."

　　그런데, 루이 14세는 뭔가 성이 차지 않는 듯 주변을 훑어봤어. 그러더니 서
있는 귀족 중 한 사람을 가리켰지.

　　"오늘은 저기 서 있는 부인이 여기 앉았으면 좋겠군."

　　"네? 그래도 되겠습니까?"

　　지목 받은 귀족은 뛸 듯이 기뻐하며 루이 14세의 맞은편에 앉았어. 반면 자리
를 빼앗긴 귀족은 울상이 됐지. 루이
14세의 변덕은 아무리 생각을 해도 그
이유를 알 수가 없었어. 프랑스의 귀족
들은 혹시나 루이 14세의 마음이 바뀌
어 자리에서 쫓겨나지는 않을까 매일매
일 노심초사했지.

　　루이 14세는 이렇게 귀족들을 자기
마음대로 쥐락펴락하며 절대적인 권력
을 휘둘렀지. 이렇게 절대적인 왕의 권
력을 '절대 왕권'이라고 해.

---

❺ 권력(權권세 권. 力힘 력) 남을 복종시키거나 지배하는 데 쓸 수 있는 힘. ❻ 성이 차다 흡족하게 여기다. ❼ 노심초사
(勞수고로울 노, 心마음 심, 焦그을릴 초, 思생각 사) 몹시 마음을 쓰며 걱정하고 애를 태움. ❽ 절대적(絶끊을 절, 對대답할
대, 的과녁 적) 비교하거나 상대될 만한 것이 없는. ❾ 왕권(王임금 왕, 權권세 권) 왕이 지닌 힘.

1 빈칸을 채워 이 글의 중심 내용을 완성해 보세요.

중심
내용

을 누리며 나라를 쥐락펴락한 프랑스 국왕 루이 14세

2 이 글의 루이 14세에 대한 설명으로 알맞은 것을 골라 보세요. (   )

인물
이해

① 프랑스의 귀족이다.

② 베르사유 궁전을 지었다.

③ 귀족들을 모두 내쫓고 홀로 연회를 즐겼다.

④ 힘이 약해 귀족들에게 평생 괴롭힘을 당하였다.

3 이 글을 영화로 만들었어요. 영화에 들어갈 장면으로 알맞지 <u>않은</u> 것을 골라 보세요.

내용
적용

(   )

① 스스로 변기를 청소하는 루이 14세

② 루이 14세에게 무례한 말을 했다가 쫓겨나는 귀족

③ 루이 14세의 마음에 들어 권력과 부를 누리게 된 귀족

④ 의자에 앉지 못한 채 먼발치에서 루이 14세를 바라보는 귀족

4 사진을 보고 대화를 나누었어요. 이 글의 내용과 일치하지 <u>않는</u> 것을 골라 보세요. (   )

자료
해석

▲ 거울의 방

① 하다: '거울의 방'은 베르사유 궁전에 있어.

② 수재: '거울의 방'은 반짝이는 유리 장식으로 조각되어 있어.

③ 영심: '거울의 방'은 왕과 귀족들이 나랏일을 의논하던 곳이야.

④ 선애: '거울의 방'은 열일곱 개의 거대한 거울로 장식되어 있어.

5 빈칸을 채우며 이 글의 내용을 정리해 보세요.

핵심
정리

	오늘의 인물: ① [　][　] 14세	
국적	프랑스	
직업	국왕	
한 일	• 화려한 ② [　][　][　][　] 궁전을 지어 귀족들과 호화로운 일상을 즐겼다. • 절대적인 권력을 누리며 귀족을 자기 맘대로 휘둘렀다.	

어휘 학습

6 낱말의 알맞은 뜻을 찾아 선으로 이어 보세요.

어휘
복습

(1) 연회 •

(2) 권력 •

(3) 왕권 •

• ① 왕이 지닌 힘.

• ② 여러 사람이 모여 음식을 먹거나 즐기는 잔치.

• ③ 남을 복종시키거나 지배하는 데 쓸 수 있는 힘.

7 대화를 읽고 빈칸에 알맞은 낱말을 써 보세요.

어휘
적용

선애: 선생님! 저희 지난번에 참가한 역사 퀴즈 대회에서 상을 탔어요!

용선생: 선생님이 결과 발표를 [　][　][　][　] 하며 기다렸는데 그것 참 잘 됐구나!

선애: 그게 무슨 뜻이에요, 선생님?

용선생: '몹시 마음을 쓰며 걱정하고 애를 태운다'는 뜻이야.

20 표트르 1세, 유럽으로 향하는 문을 열다

러시아 황제 표트르 1세가 유럽으로 향하는 도시를 새롭게 세웠어! 그 도시는 어떤 모습이었을까?

표트르 1세
(1672년 ~ 1725년)
러시아의 황제야. 러시아의 영토를 넓히고, 서유럽의 문물을 도입해 러시아의 개혁을 이끌었지. 존경의 의미를 담아 '표트르 대제'라고도 불려.

| 교과서 핵심어 | ★표트르 1세 ★러시아 ★상트페테르부르크 |

러시아는 유럽의 북쪽 먼 곳에 자리 잡은 나라야. 러시아로 가는 길은 몹시 험한 데다가, 한겨울이면 바다도 꽁꽁 얼어버려서 배가 다닐 수도 없었어. 그러다 보니 교통이 무척 불편해서 다른 나라와 쉽게 교류^①할 수가 없었지. 자연스럽게 프랑스나 영국 같은 서유럽의 나라들보다 발전도 많이 늦었어.

그러던 어느 날, 젊은 황제 표트르 1세가 즉위했어. 표트르 1세는 어렸을 적부터 외국 사람과 만나는 걸 무척 좋아했지. 그래서 러시아가 다른 나라에 비해 많이 뒤처진 것을 잘 알고 있었어.

'어서 우리 러시아를 발전시켜야 해. 좋은 방법이 없을까?'

고민하던 표트르 1세는 앞선 문물^②을 배우기 위해 노력했어. 그래서 자신의 신분^③을 감추고 네덜란드와 영국, 독일 등 앞선 서유럽 국가들을 방문^④하기도 했지. 서유럽 여러 나라가 얼마나 발전돼 있는지 직접 눈으로 보고 귀로 들으며 배웠던 거야.

러시아로 돌아온 표트르 1세는 러시아와 외국을 잇는 항구^⑤ 도시^⑥를 건설하기로 했어. 일단 서유럽과 가까운 항구가 생기면, 유럽 사람들이 배를 타고 러시아까지 쉽게 찾아올 수 있을 테니까 말이야. 지도를 살펴보던 표트르 1세는 러시아 서쪽의 한 바닷가를 짚었지.

"여기다! 이곳에 항구를 세우면 유럽과 쉽게 교류할 수 있을 거야!"

그런데 표트르 1세의 신하들은 깜짝 놀랐어.

"황제 폐하, 여기는 모기떼만 득시글거리는 늪지대^⑦입니다."

"근처에 건물을 지을 나무도 없습니다. 홍수도 잦아요. 이런 곳에는 도시를 세울 수 없습니다."

---

❶ 교류(交사귈 교, 流흐를 류) 문화나 사상 등이 서로 통함. ❷ 문물(文글월 문, 物만물 물) 문자, 종교, 예술 등 문화의 산물. ❸ 신분(身몸 신, 分나눌 분) 사람들의 사회적 위치나 계급. ❹ 방문(訪찾을 방, 問물을 문) 어떤 사람이나 장소를 찾아가서 만나거나 봄. ❺ 항구(港항구 항, 口입 구) 배가 안전하게 드나들도록 강가나 바닷가에 만든 시설.

"안 되다는 말은 마시오. 나는 무슨 일이 있어도 이곳에 도시를 건설할 것이오!"

결국, 표트르 1세의 명령에 따라 도시 건설이 시작됐어. 러시아 전국에서 농민 수만 명이 공사에 동원됐지. 농민들은 질퍽질퍽한 늪지대에 돌과 흙을 쏟아 붓고, 커다란 나무와 바위로 기둥을 세웠어. 험한 공사를 하다가 수많은 농민이 목숨을 잃었지.

"황제 폐하, 여기 나오시면 위험합니다!"

"구경만 하고 있을 순 없다. 나라도 직접 도와야 하지 않겠느냐!"

표트르 1세는 일꾼들을 도와 손수 돌을 나르며 도시 건설을 지휘했어. 그렇게 15년이란 시간이 흘렀지.

"너무나도 아름답다. 드디어 완성됐구나!"

드디어 표트르 1세가 만든 도시가 모습을 드러냈어. 돌로 만든 다리들이 수많은 섬을 연결하고 있었고, 섬에는 웅장한 요새와 교회들이 들어섰지.

"세상에, 늪지대가 이렇게 변하다니! ⁸상전벽해가 따로 없네!"

사람들은 황량한 늪지대가 건물이 ⁹빼곡한 대도시로 변한 모습에 감탄했어.

표트르 1세는 이 도시의 이름을 상트페테르부르크로 지었어. 상트페테르부르크는 이후 많은 사람이 찾는 러시아 최고의 도시로 성장했지. 오늘날 러시아에서 수도 모스크바에 이어 두 번째로 큰 도시야.

🧭 지리 사전

상트페테르부르크

표트르 1세가 세운 도시야. 페트로그라드, 레닌그라드 등으로 불리다가 1991년 상트페테르부르크라는 원래 이름을 되찾았지.

---

❻ 건설(建세울 건, 設베풀 설) 건물, 설비, 시설 등을 새로 만들어 세움. ❼ 늪지대(地땅 지, 帶띠 대) 늪이 많은 곳. ❽ 상전벽해(桑뽕나무 상, 田밭 전, 碧푸를 벽, 海바다 해) 뽕나무밭이 바다로 변하듯 세상일이 크게 바뀐 것을 이르는 말. ❾ 대도시(大큰 대, 都도읍 도, 市시장 시) 정치, 경제, 문화 활동의 중심지로 지역이 넓고 인구가 많은 도시.

 **독해 학습**

1 빈칸을 채워 이 글의 중심 내용을 완성해 보세요.

중심
내용

러시아를 발전시키기 위해 새로운 도시를 건설한 ☐ ☐ ☐ ☐

2 이 글의 표트르 1세에 대한 설명으로 알맞지 <u>않은</u> 것을 골라 보세요. (   )

인물
이해

① 러시아의 황제였다.

② 외국과의 교류를 반대했다.

③ 앞선 문물을 배우기 위해 서유럽을 다녀왔다.

④ 러시아가 다른 유럽 국가보다 뒤처졌다고 생각했다.

3 이 글을 읽고 밑줄 친 이곳에 대한 설명으로 알맞지 <u>않은</u> 것을 골라 보세요. (   )

내용
이해

<u>이곳</u>은 표트르 1세의 명령으로 만들어진 도시로, 바닷가에 있어 항구를 통해 유럽과 쉽게 교류할 수 있습니다.

① 오늘날 러시아의 수도이다.

② 늪지대에 세워진 도시이다.

③ 도시를 세우는 데 15년이 걸렸다.

④ 수만 명의 러시아 농민들이 도시를 짓는 데 동원되었다.

4 이 글을 읽고 빈칸에 들어갈 말로 알맞은 것을 골라 보세요. (   )

자료
해석

용선생: 이 사진은 상트페테르부르크에 위치한 '여름 궁전'이야. 서유럽의 궁전을 모방해서 만들었지. 이렇게 멋진 궁전을 세울 수 있었던 까닭은 _____

① 러시아의 전통 건축 양식이기 때문이야.

② 표트르 1세의 손재주가 좋았기 때문이야.

③ 러시아가 네덜란드의 식민 지배를 받았기 때문이야.

④ 표트르 1세가 서유럽 문화를 적극적으로 받아들인 덕분이야.

5 빈칸을 채우며 이 글의 내용을 정리해 보세요.

핵심
정리

러시아 제2의 도시								

만든 사람	표트르 1세
건설 목적	외국과 교류할 수 있는 항구 도시를 만들어 러시아를 발전시키기 위해서
건설 과정	표트르 1세는 홍수도 잦고, 모기떼가 득시글거리는 늪지대에 도시 건설을 계획했다. 수많은 농민이 공사에 동원되어 목숨을 잃기도 했지만, 15년 만에 도시를 세우는 데 성공했다.

어휘 학습

6 낱말의 알맞은 뜻을 찾아 선으로 이어 보세요.

어휘
복습

(1) 항구 •

(2) 건설 •

(3) 늪지대 •

• ① 늪이 많은 곳.

• ② 건물, 설비, 시설 등을 새로 만들어 세움.

• ③ 배가 안전하게 드나들도록 강가나 바닷가에 만든 시설.

7 대화를 읽고 빈칸에 들어갈 말로 알맞은 것을 골라 보세요. (   )

어휘
적용

용선생: 예전에는 직접 가게로 가야만 물건을 살 수 있었는데, 지금은 언제든 인터넷으로 물건을 살 수 있다니. 상전벽해구나!

영심: 상전벽해가 무슨 말이에요?

용선생: _____

① 편리한 세상에서 살아서 행복하다는 뜻이야.

② 옛날에는 기술이 발달하지 않아 살기 어려웠다는 뜻이야.

③ 인터넷처럼 훌륭한 문물이 많이 생겨나야 한다는 뜻이야.

④ 뽕나무밭이 바다로 변하듯 세상일이 크게 바뀌었다는 뜻이야.

역사 놀이터

미로 탈출하며 핵심어 찾기!

🔍 아이들이 용선생을 만나러 가는 길에 본 핵심어를 순서대로 빈칸에 써 보세요. 그리고 핵심어에 알맞은 설명을 찾아 연결해 보세요.

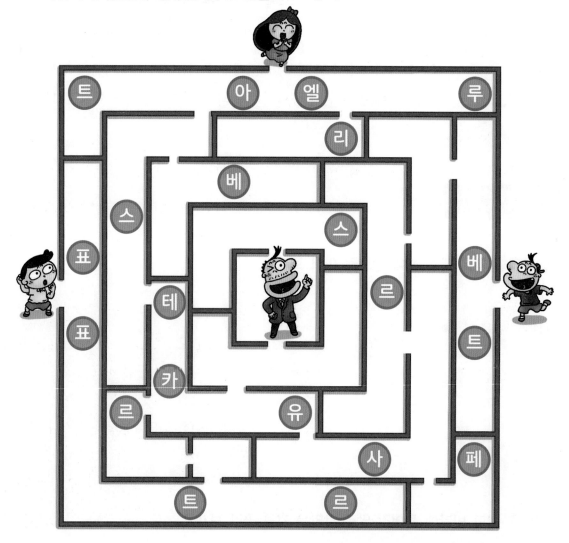

 의 핵심어 _____ •

• 프랑스의 궁전. 유럽에서 가장 아름답고 화려하기로 유명했어.

 의 핵심어 _____ •

• 러시아의 ○○○ 1세는 러시아와 외국을 잇는 항구를 건설하기로 했어.

 의 핵심어 _____ •

• 아메리카 대륙에 있던 원주민의 제국. 에스파냐의 탐험가 코르테스의 공격을 받고 멸망했어.

유럽이 혁명의 물결에 휩싸였어!
혼란 속에 활약한 영웅들을 만나러 가 볼까?

5주

1796년
정조, 수원 화성 완공

1811년
홍경래의 난

1762년
예카테리나 2세,
황제 즉위

1776년
미국, 독립 선언

1789년
프랑스 혁명

1804년
나폴레옹, 황제
즉위

1861년
남북전쟁 발발

회차	학습 내용	교과서 핵심어	교과 연계	학습 계획일
21	남편을 내쫓고 황제가 된 **예카테리나 2세**	★ 예카테리나 2세 ★ 표트르 3세 ★ 러시아	【중학 역사 I】 3. 지역 세계의 교류와 변화 ④ 신항로 개척과 유럽 지역 질서의 변화	월　일
22	**조지 워싱턴**, 미국의 독립을 이끌다	★ 조지 워싱턴 ★ 영국 ★ 미국 ★ 미국 독립전쟁	【중학 역사 I】 4. 제국주의 침략과 국민 국가 건설 운동 ① 유럽과 아메리카의 국민 국가 체제	월　일
23	**마리 앙투아네트**, 프랑스 혁명으로 몰락하다	★ 마리 앙투아네트 ★ 프랑스 ★ 프랑스 혁명	【중학 역사 I】 4. 제국주의 침략과 국민 국가 건설 운동 ① 유럽과 아메리카의 국민 국가 체제	월　일
24	황제가 된 천재 전략가 **나폴레옹**	★ 나폴레옹 ★ 프랑스 ★ 프랑스 혁명 ★ 알프스산맥	【중학 역사 I】 4. 제국주의 침략과 국민 국가 건설 운동 ① 유럽과 아메리카의 국민 국가 체제	월　일
25	**링컨**, 남북전쟁을 승리로 이끌다	★ 링컨 ★ 미국 ★ 흑인 노예 ★ 남북전쟁	【중학 역사 I】 4. 제국주의 침략과 국민 국가 건설 운동 ① 유럽과 아메리카의 국민 국가 체제	월　일

역사 놀이터　　　　**핵심어 찾기 대작전!**

21 남편을 내쫓고 황제가 된 예카테리나 2세

예카테리나 2세는 어쩌다 남편을 내쫓고 러시아 황제 자리에 올랐을까?

인물 사전

예카테리나 2세
(1729년 ~ 1796년)

러시아의 여자 황제야. 남편 표트르 3세를 쫓아내고 황제가 되었고, 러시아를 강한 나라로 발전시켰지.

| **교과서 핵심어** | ★ 예카테리나 2세　★ 표트르 3세　★ 러시아 |

표트르 1세의 손자인 표트르 3세는 황태자 시절부터 평판이 좋지 않았어.[1] 스무 살이 넘었지만 어린아이처럼 제멋대로였고, 하인들에게도 짓궂은 장난을 치기 일쑤였지.

"황태자님! 하인들 머리에 술을 부으면 안 된다고요!"

"왜? 덥다고 해서 시원하게 해 준 거야. 시원하지? 헤헤!"

그런데 독일에서 시집 온 표트르 3세의 아내, 예카테리나는 전혀 딴판이었어. 예카테리나는 궁궐 안팎의 사람들에게 늘 예의를 지켰고, 항상 책을 끼고 현명[2]한 사람들을 가까이 했지.

"황태자님이 예카테리나님의 반만 닮으면 얼마나 좋을까요?"

신하들은 입을 모아 예카테리나를 칭찬했지.

그렇게 세월이 흘러, 표트르 3세는 러시아의 황제가 됐어. 때마침 러시아는 독일과 전쟁 중이었지. 러시아군은 독일의 수도를 포위하고 독일의 왕을 붙잡기 직전이었어. 그런데 표트르 3세는 뜻밖의 명령을 내렸지.

"전쟁은 나빠! 지금 당장 전쟁을 그만두고, 빼앗은 땅도 다 돌려줘."

"황제 폐하, 그게 무슨 말씀이십니까? 안됩니다. 조금만 기다리면 우리가 이길 겁니다!"

"시끄러! 황제의 명령이다!"

신하들이 말렸지만, 표트르 3세는 요지부동[3]이었어. 결국 러시아는 다 이긴 전쟁을 포기해 버리고 말았지. 화가 난 신하들은 예카테리나를 조심스럽게 찾아갔어.

"황후[4]님, 저런 황당[5]하고 무능[6]한 황제를 계속 모실 수는 없습니다! 저희는 지혜

---

❶ 평판(評평할 평, 判가름할 판) 세상 사람들의 평가. ❷ 현명(賢어질 현, 明밝을 명) 마음이 너그럽고 슬기로움. ❸ 요지부동(搖흔들릴 요, 之갈 지, 不아닐 불, 動움직일 동) 흔들어도 꼼짝하지 아니함. ❹ 황후(皇임금 황, 后임금 후) 황제의 아내. ❺ 황당하다(荒거칠 황, 唐길 당) 말이나 행동 등이 참되지 않고 터무니없다.

로운 예카테리나님을 새 황제로 모시기로 했습니다."

"음…… 과연 러시아 사람들이 다른 나라 출신[7]인 나를 황제로 받아들이겠는

가?"

예카테리나도 표트르 3세를 쫓아내고 싶었어. 하지만 백성들이 독일 출신에다

가 여성인 자신을 지지[8]하지 않을까봐 걱정이 됐지.

"걱정 마십시오. 황후 마마는 그 누구보다도 러시아를 사랑하시는 분이잖습니

까? 세상 모든 사람이 그 마음을 알아줄

것입니다."

신하들의 부탁에 예카테리나는 마음을

굳게 먹었어. 다음날, 신하들은 예카테리나

를 앞장세워 궁전으로 쳐들어갔지.

"황제는 물러나라! 이제 예카테리나 황후

님이 러시아의 새 황제가 되실 것이다!"

"뭐야? 안 돼, 이럴 순 없다고!"

표트르 3세는 그렇게 자리에서 쫓겨났어.

그리고 예카테리나는 러시아의 새 황제 예카테리나 2세가 되었지.

예카테리나 2세는 남편 표트르 3세와는 다르게 나라를 잘 다스렸어. 러시아

로 많은 예술가와 학자를 초대했고, 한편으로는 러시아의 군대를 강하게 키워서

사방의 적들을 물리쳤어. 예카테리나 2세가 다스리는 러시아의 영토[9]는 러시아

역사상 최대로 넓어졌지. 러시아는 현명한 예카테리나 2세 덕에 강한 나라로 발

전했어.

---

[6] 무능(無없을 무. 能능할 능) 어떤 일을 해결하는 능력이 없음. [7] 출신(出날 출. 身몸 신) 어떤 집안이나 지방에서 태어났는지를 나타내는 말. [8] 지지(支지탱할 지. 持가질 지) 어떤 사람이나 단체 등이 내세우는 의견에 찬성하고 따름. [9] 영토(領거느릴 영. 土흙 토) 국가가 가진 땅.

독해 학습

1 이 글의 중심 내용으로 알맞은 것을 골라 보세요.　(　　　)

중심
내용

① 표트르 3세의 어린 시절

② 표트르 3세와 예카테리나의 결혼

③ 독일과의 전쟁에서 승리한 러시아

④ 무능한 남편 대신 러시아를 다스린 예카테리나 2세

2 이 글의 예카테리나 2세에 대한 설명으로 알맞은 것을 <u>모두</u> 선으로 이어 보세요.

인물
이해

① 독일 출신이다.

③ 신하들의 지지를 받아
러시아의 황제가 되었다.

예카테리나
2세

② 독일과의 전쟁을
그만두라고 명령했다.

④ 표트르 3세를 황제
자리에서 쫓아내고 싶어 했다.

3 이 글을 읽고 다음 그림에 이어질 상황으로 알맞지 <u>않은</u> 것을 골라 보세요.　(　　　)

추론

이제부터
내가
황제입니다.

① 러시아의 영토가 크게 넓어진다.

② 러시아의 군대가 더 강력해진다.

③ 러시아에 많은 예술가와 학자들이
초대된다.

④ 표트르 3세가 황제 자리를 되찾으려고
반란을 일으킨다.

4 이 글을 연극으로 만들었어요. 각 인물의 대사로 알맞지 <u>않은</u> 것을 골라 보세요.　(　　　)

내용
적용

① 표트르 3세: 내가 러시아의 황제다! 당장 전쟁을 그만 둬!

② 러시아의 신하들: 황제를 몰아내고 황후님을 새로운 황제로 모십시다!

③ 표트르 3세: 난 황제가 될 자격이 없으니, 황후에게 황제 자리를 물려주겠어.

④ 예카테리나 2세: 나는 독일 사람이고, 여자입니다. 과연 나를 황제로 받아들일까요?

▶ 정답과 풀이 12쪽

5 빈칸을 채우며 이 글의 내용을 정리해 보세요.

핵심
정리

러시아의 황제 표트르 3세는 평판이 좋지 않았다. 하지만 그의 아내였던 ① ☐

☐☐☐☐ 황후는 현명하고 예의 바른 사람이었다. 신하들은 무능한

표트르 3세를 쫓아내고 황후를 ② ☐☐☐ 의 새로운 황제로 삼았다. 그녀

가 나라를 잘 다스린 덕분에 러시아는 크게 성장했다.

어휘 학습

6 낱말의 알맞은 뜻을 찾아 선으로 이어 보세요.

어휘
복습

(1) 평판 •

(2) 현명 •

(3) 영토 •

• ① 국가가 가진 땅.

• ② 세상 사람들의 평가.

• ③ 마음이 너그럽고 슬기로움.

7 대화를 읽고 빈칸에 알맞은 낱말을 써 보세요.

어휘
적용

용선생: 비가 많이 오는데, 축구는 다음번에 하는 게 어떻겠니?

하다: 안 돼요! 우비를 입고서라도 꼭 축구를 할 거예요!

용선생: 선생님이 이렇게 말리는데도 하다의 결심은 ☐☐☐☐ 이네!

하다: 그게 무슨 뜻이에요, 선생님?

용선생: '흔들어도 꼼짝하지 않는다'는 뜻이야. 생각이나 믿음이 변하지 않고 확고할 때
쓰는 말이기도 하지.

조지 워싱턴, 미국의 독립을 이끌다

초강대국 미국이 한때는 영국의 식민지였다니! 조지 워싱턴은 어떻게 미국의 독립을 이끌었을까?

인물 사전

조지 워싱턴
(1732년 ~ 1799년)

미국 독립전쟁을 승리로 이끈 장군이야. 세계 최초의 대통령이자, 미국의 첫 번째 대통령이 되었지. 미국의 수도 워싱턴 D.C.는 조지 워싱턴에서 따온 이름이야.

| **교과서 핵심어** | ★조지 워싱턴 ★영국 ★미국 ★미국 독립 전쟁 |

1776년, 북아메리카에 살고 있던 영국 식민지 사람들이 선언했어.

"이제 더 이상 못 참겠다. 우리 아메리카 식민지는 독립을 선언한다!"

그동안 아메리카 식민지 사람들은 영국이 세금을 너무 많이 걷는다며 불만이 많았어. 하지만 영국 정부는 식민지 사람들의 불만을 완전히 무시해 왔지. 그렇게 오랜 세월 쌓여 왔던 불만이 마침내 폭발한 거야. 이렇게 영국에게서 독립해 탄생한 나라가 바로 미국이야.

영국은 미국의 독립을 막으려고 즉시 대군을 보냈어. 미국이 영국군에 맞서 싸우기로 하면서 미국 독립 전쟁이 시작됐지. 하지만 전쟁이 시작되자, 미국 사람들은 걱정이 앞섰어.

"우리 미국 사람들은 대부분 평범한 농부입니다. 총을 쏠 줄 모르는 사람도 많아요. 과연 우리가 승리할 수 있을까요?"

"조지 워싱턴에게 총사령관을 맡깁시다. 틀림없이 방법을 찾아낼 겁니다."

조지 워싱턴은 경험이 많은 군인이었어. 영국군과 함께 싸운 적도 있었지. 모두들 조지 워싱턴이라면 기가 막힌 작전을 짜낼 거라고 생각했어.

하지만, 막상 영국군과 맞서게 되자 조지 워싱턴도 패배를 거듭했어.

"장군! 또 졌습니다. 벌써 6개월째 지고만 있어요."

"병사들도 다들 겁을 먹었습니다. 고향으로 돌아가겠다고 아우성입니다."

그러다 때마침 추운 겨울이 찾아왔어. 영국군은 잠시 전투를 멈추고, 겨울을 나기 위해 이곳저곳으로 흩어져 저마다 진지를 꾸렸지. 이 소식을 들은 조지 워싱턴은 부하들을 불러 모았어.

"적들이 여기저기로 흩어졌다는 정보가 들어왔다. 지금 강을 건너서 적을 기

---

❶ 독립(獨홀로 독, 立설 립) 한 나라가 완전하게 자기 나라의 권력을 갖는 것. ❷ 세금(稅세금 세, 金쇠 금) 나라에서 쓰기 위해 국민에게 거두어들이는 돈. ❸ 진지(陣진칠 진, 地땅 지) 전투에 필요한 군사 시설과 장비를 갖추고 군대를 배치해 둔 곳.

습하면 틀림없이 승리할 수 있다."

"사령관님만 믿겠습니다. 강을 건넙시다!"

아직 해도 뜨지 않은 캄캄한 새벽, 조지 워싱턴은 병사들과 쪽배에 타고 아무도 모르게 강을 건넜어. 한겨울의 강에는 얼음이 둥둥 떠다녔고, 매서운 바람이 두 뺨을 스쳤지.[4] 강을 건넌 조지 워싱턴은 밤새 숲길을 달려 적의 진지 앞에 이르렀어.

"콰과광!"

"기습이다! 아니, 언제 여기까지 온 거지!"

[5] 대포가 불을 뿜자, 영국군은 크게 당황했어. 치열한 전투 끝에 조지 워싱턴은 마침내 값진 첫 승리를 거두었지.

"조지 워싱턴 장군 만세! 드디어 우리가 이겼다!"

조지 워싱턴은 이후 많은 전투에서 승리를 거듭했어. 몇 년 뒤, 미국은 독립 전쟁에서 끝내 승리를 거두었지. 조지 워싱턴은 미국의 독립 영웅이 되었어.

꿈에 그리던 독립을 이룬 뒤, 미국 사람들은 투표를[6] 통해 나라의 지도자를 뽑기로 했어. 세계 최초로 '대통령'을 선출한[7] 거야. 누가 첫 대통령이 될지를 두고 여러 사람들이 이야기를 나누었어.

"독립 영웅인 조지 워싱턴을 대통령으로 모십시다."

"제 생각도 같습니다. 조지 워싱턴만한 사람도 없지요!"

조지 워싱턴은 투표를 통해 미국의 첫 대통령이 되었어. 그리고 지금까지도 미국의 독립 영웅으로 존경을 받고 있지.

---

[4] 매섭다 겁이 날 만큼 사납다. [5] 대포(大큰 대. 砲대포 포) 화약의 힘으로 포탄을 멀리 쏘는 무기. [6] 투표(投던질 투. 票표 표) 투표 용지에 의사를 표시하여 일정한 곳에 내는 일. [7] 선출(選가릴 선. 出날 출) 여럿 가운데서 골라냄.

1 이 글의 중심 내용으로 알맞은 것에 ○표 해 보세요.

중심
내용

① 북아메리카에
식민지를 세운 영국

② 과도한 세금에 불만을
품은 아메리카 사람들

③ 독립 전쟁에서 미국을
승리로 이끈 조지 워싱턴

☐ ☐ ☐

2 이 글의 조지 워싱턴에 대한 설명으로 알맞은 것을 <u>모두</u> 선으로 이어 보세요.

인물
이해

① 미국 사람이다.

② 평범한 농민 출신이다.

조지 워싱턴

③ 미국의 첫
대통령이다.

④ 영국군과 함께 싸운 적이
있었다.

3 이 글을 읽고 미국 독립 전쟁에 대한 설명으로 알맞지 <u>않은</u> 것을 골라 보세요. (   )

내용
이해

① 영국과 미국 사이에서 벌어진 전쟁이다.

② 조지 워싱턴의 기습 작전이 큰 성공을 거뒀다.

③ 전쟁 초반에는 미국이 영국을 상대로 계속 승리했다.

④ 전쟁에서 승리한 미국은 꿈에 그리던 독립을 이루었다.

4 이 글의 조지 워싱턴이 쓴 작전 일지예요. 이 글의 내용과 일치하지 <u>않는</u> 것을 골라 보세요.

내용
적용

(   )

• 작전명: 영국군 기습

• 작전 일시: 1776년 12월 ○○일

• 작전 내용:

  ① 해가 뜨지 않은 새벽에 강을 건넌다.

  ② 강을 건널 때는 눈에 띄지 않게 작은 쪽배를 타고 이동한다.

  ③ 강을 건너면 숲길을 달려 영국 진지에 도착한다.

  ④ 겨울 추위를 피해 흩어져 있는 영국군을 기습하여 영국 땅을 정복한다.

5
핵심
정리

빈칸을 채우며 이 글의 내용을 정리해 보세요.

미국은 자신들의 독립을 반대하던 영국과 ① ☐☐ 전쟁을 하게 되었다.

⬇

전쟁 경험이 없던 미국 군대는 전쟁 초반에는 패배하기 일쑤였다.

⬇

그러나 총사령관이었던 ② ☐☐ ☐☐☐ 의 뛰어난 전략

덕분에 미국은 전쟁에서 승리하여 독립을 이뤄낼 수 있었다.

 어휘 학습

6
어휘
복습

낱말의 알맞은 뜻을 찾아 선으로 이어 보세요.

(1) 독립 •

(2) 진지 •

(3) 대포 •

• ① 화약의 힘으로 포탄을 멀리 쏘는 무기.

• ② 한 나라가 완전하게 자기 나라의 권력을 갖는 것.

• ③ 전투에 필요한 군사 시설과 장비를 갖추고 군대를 배치해 둔 곳.

7
어휘
적용

빈칸에 들어갈 알맞은 낱말을 보기 에서 찾아 문장을 완성해 보세요.

보기   세금   매섭다   투표   선출

(1) 화가 나신 어머니의 눈초리가 아주 ＿＿＿＿＿＿＿.
                      ↳ 겁이 날 만큼 사납다.

(2) 대통령은 국민들의 선거를 통해 ＿＿＿＿＿＿＿된다.
                      ↳ 여럿 가운데서 골라냄.

(3) 누가 이번 학기 회장을 할지 ＿＿＿＿＿＿＿로 정하자!
                      ↳ 투표 용지에 의사를 표시하여 일정한 곳에 내는 일.

23 마리 앙투아네트, 프랑스 혁명으로 몰락하다

프랑스의 왕비 마리 앙투아네트를 몰아낸 프랑스 혁명은 어떤 사건일까?

인물 사전

마리 앙투아네트
(1755년 ~ 1793년)
프랑스 왕비야. 프랑스 혁명 당시 프랑스 사람들에게 몹시 미움을 받았어.

| 교과서 핵심어 | ★마리 앙투아네트　★프랑스　★프랑스 혁명 |

프랑스 파리의 한 광장❶에 사람들이 하나둘 모여들었어. 곧 한 죄수❷가 이곳에서 처형❸될 예정이었거든. 죄수가 등장하자 사람들의 성난 목소리가 광장을 가득 메웠어.

"와아! 마리 앙투아네트에게 죽음을!"

처형대에 선 사람은 프랑스의 왕비, 마리 앙투아네트였어. 마리 앙투아네트는 슬픈 얼굴로 사람들을 내려 보았지.

'내가 어쩌다 이런 신세가 되었을까…….'

몇 달 전만 해도 마리 앙투아네트는 아름다운 베르사유 궁전에 살고 있었어. 왕비는 귀족들과 화려한 연회를 즐겼지. 멋지게 차려입은 마리 앙투아네트가 나타나면, 귀족들은 눈을 떼지 못했어.

"왕비님은 오늘도 너무 아름다우시군요."

"그러게 말이에요. 아아, 드레스가 정말 멋지네요!"

그런데 프랑스의 평민들은 왕비와 귀족들의 화려한 연회 소식을 들을 때마다 화가 많이 났어. 평민들은 먹을 게 부족해 매일 굶주림에 시달렸거든. 게다가 마리 앙투아네트는 프랑스가 아니라 오스트리아 출신이었어. 오스트리아는 프랑스와 철천지원수❹여서, 프랑스 사람들은 마리 앙투아네트를 더욱 미워했지.

"백성들이 이렇게 살기 힘든데, 연회나 즐기고 있다니!"

"이대로는 살 수 없어! 썩어 빠진 나라를 뒤집자!"

참다못한 평민들은 무기를 들고 일어났어. 프랑스 혁명❺이 시작된 거야.

분노한 프랑스 시민들은 베르사유 궁전에서 왕과 왕비를 붙잡아서 파리로 끌고 왔지. 마리 앙투아네트는 초조해졌어.

---

❶ 광장(廣넓을 광. 場마당 장) 많은 사람이 모일 수 있게 만들어 놓은 빈 터. ❷ 죄수(罪허물 죄. 囚가둘 수) 죄를 지어 감옥에 갇힌 사람. ❸ 처형(處곳 처. 刑형벌 형) 형벌에 처함. ❹ 철천지원수(徹통할 철. 天하늘 천. 之갈 지. 怨원망할 원. 讐원수 수) 하늘에 사무치도록 한이 맺히게 한 원수. ❺ 혁명(革가죽 혁. 命목숨 명) 국가나 사회 제도와 조직을 새롭게 고치는 일.

"이대로면 사람들이 우리를 죽이고 말 거예요. 어서 도망가요."

왕과 왕비는 평범한 사람으로 변장한 채 이웃 나라로 몰래 도망가려 했어. 하지만 왕과 왕비가 사라졌다는 소문은 금세 널리 퍼졌지.

"여기 있다! 감히 도망치려 하다니!"

왕과 왕비는 국경 근처의 한 마을에서 그만 붙들리고 말았어. 프랑스 사람들은 왕을 처형했고, 뒤이어 마리 앙투아네트를 재판에 세웠지.

"왕비는 사치를 즐기느라 나랏돈을 함부로 썼고, 나라를 버리고 도망치려 했다. 그러므로 사형을 선고한다."

'난…… 잘못이 없어. 왕비로서 연회를 연 게 죄는 아니잖아.'

아무리 돌이켜 봐도 마리 앙투아네트는 억울했어. 하지만 성난 평민들의 마음을 뒤집을 순 없었지. 마리 앙투아네트의 머리가 처형대에 놓이고, 날카로운 칼날이 쿵- 소리를 내며 떨어졌어.

"와아! 왕비가 드디어 죽었다! 프랑스 혁명 만세!"

마리 앙투아네트의 죽음에 사람들은 크게 환호했어.

역사 사전

프랑스 혁명

1789년에 일어난 프랑스의 시민 혁명이야. 프랑스 시민들은 이 사건을 거치며 왕과 귀족들을 몰아내고 시민이 주인이 되는 나라를 세웠어.

❻ 변장(變변할 변, 裝꾸밀 장) 본래의 모습을 알아볼 수 없게 옷차림이나 얼굴, 머리 등을 바꾸는 것. ❼ 사형(死죽을 사, 刑형벌 형) 죄인의 목숨을 끊음. 또는 그런 벌. ❽ 선고(宣베풀 선, 告아뢸 고) 선언하여 널리 알림.

1 빈칸을 채워 이 글의 중심 내용을 완성해 보세요.

중심
내용

이 불러온 마리 앙투아네트의 죽음

2 이 글의 마리 앙투아네트에 대한 설명으로 알맞지 <u>않은</u> 것을 골라 보세요. (   )

인물
이해

① 프랑스 혁명을 이끌었다.

② 베르사유 궁전에 살았다.

③ 귀족들과 화려한 연회를 즐겼다.

④ 오스트리아 출신의 프랑스 왕비이다.

3 이 글의 마리 앙투아네트의 판결문이에요. 빈칸에 들어갈 말로 알맞지 <u>않은</u> 것을 골라 보세요.

내용
적용

(   )

- 판결문 -

마리 앙투아네트를 사형에 처한다. 그 이유는 _____

① 사치를 즐기려고 나랏돈을 함부로 썼기 때문이다.

② 프랑스를 버리고 외국으로 도망치려 했기 때문이다.

③ 오스트리아를 프랑스에 팔아넘기려고 했기 때문이다.

④ 백성이 살기 어려운데 화려한 연회를 즐겼기 때문이다.

4 이 글을 읽고 빈칸에 들어갈 말로 알맞은 것을 골라 보세요. (   )

자료
해석

용선생: 이 그림은 프랑스 혁명의 한 장면을 옮긴 그림이야. 프랑스 혁명은 프랑스 시민들이 썩어빠진 나라를 갈아엎자며 일으킨 혁명이지. 프랑스 혁명이 일어난 까닭은 _____

① 다른 나라의 지배로부터 독립하기 위해서였어.

② 왕비인 마리 앙투아네트가 파리 시내에서 처형당했기 때문이었어.

③ 왕족과 귀족이 나라를 제대로 다스리지 않고 사치를 일삼았기 때문이었어.

④ 프랑스에 전쟁이 일어나자 왕과 왕비가 나라를 버리고 도망쳤기 때문이었어.

5 빈칸을 채우며 이 글의 내용을 정리해 보세요.

핵심
정리

프랑스의 왕비 ① [　][　]　[　][　][　][　] 는 화려한 연회

를 즐겼다. 힘들게 살던 평민들은 ② [　][　][　]　[　][　] 을 일으켜 나라

를 뒤엎었다. 그리고 왕과 왕비를 처형했다.

어휘 학습

6 낱말의 알맞은 뜻을 찾아 선으로 이어 보세요.

어휘
복습

(1) 죄수 •

(2) 처형 •

(3) 혁명 •

• ① 형벌에 처함.

• ② 죄를 지어 감옥에 갇힌 사람.

• ③ 국가나 사회 제도와 조직을 새롭게 고치는 일.

7 대화를 읽고 빈칸에 들어갈 알맞은 낱말을 써 보세요.

어휘
적용

영심: 선생님, 하다랑 수재가 또 싸워요!

용선생: 하다랑 수재는 [　][　][　][　][　] 도 아니면서 왜 그렇게 매일

다투는 거니?

영심: 그게 무슨 뜻이에요, 선생님?

용선생: '하늘에 사무치도록 한이 맺히게 한 원수'를 말해.

24

황제가 된
천재 전략가 나폴레옹

프랑스는 혁명 이후
다른 나라의 침략을
받아 혼란스러웠어.
나폴레옹은 어떻게
프랑스를 구해냈을까?

인물 사전

나폴레옹 보나파르트
(1769년 ~ 1821년)
프랑스의 장군이자 황제야.
알프스산맥을 넘어 이탈리
아를 차지하고, 훗날 유럽을
정복했지.

| **교과서 핵심어** | ★나폴레옹 ★프랑스 ★프랑스 혁명 ★알프스산맥 |

"프랑스 사람들이 왕을 죽였다면서요?"

"우리나라에서도 그런 일이 벌어지면 어떡하죠?"

프랑스 혁명이 터지자, 이웃 나라들은 덜컥 겁이 났어. 그래서 프랑스로 군대를 보내 프랑스 혁명을 막으려고 했지. 프랑스는 사방팔방에서 유럽 나라들과 전쟁을 벌이게 되었어.

이 때 프랑스에 나폴레옹 장군이 등장했어. 나폴레옹은 나이도 젊고 집안도
보잘 것 없는 사람이었지만, 과감하고 뛰어난 전략으로 명성이 자자했지. 나폴레옹이 연이어 승리를 거두자 나폴레옹의 인기는 하늘 높이 치솟았어.

"나폴레옹 장군이 프랑스를 지켜냈다! 나폴레옹 만세!"

결국 나폴레옹은 프랑스를 이끄는 최고 지도자 자리까지 차지하게 되었어. 그런데 얼마 후, 나폴레옹은 뜻밖의 소식을 들었지.

"나폴레옹 님, 이탈리아에 있는 프랑스군이 적에게 포위됐습니다."

"뭐? 늦기 전에 빨리 군대를 더 보내야겠구나. 가장 빠른 길이 어디냐?"

"알프스산맥을 넘는 길이 가장 빠르긴 합니다만……."

알프스는 유럽에서 가장 높고 험한 산맥이야. 꼭대기에는 한여름에도 녹지 않는 눈과 얼음이 있을 정도였지. 그래서 프랑스군이 알프스를 넘어올 거라고 생각하는 사람은 아무도 없었어.

"적들의 허를 찔러야 한다. 알프스를 넘어서 이탈리아로 향한다."

나폴레옹은 험한 산맥을 빠르게 넘기 위해 만반의 준비를 했어. 병사들은 꼭 가져야 할 물건만 챙겨서 몸을 가볍게 했지. 나폴레옹도 직접 산을 넘으며 병사들을 격려했어. 나폴레옹은 병사들과 같은 음식을 먹고 같은 천막에서 자며 고

---

❶ **과감하다**(果열매 과, 敢감히 감) 결단력이 있고 용감하다. ❷ **허를 찌르다** 약하거나 허술한 곳을 치다. ❸ **만반**(萬일만 만, 般가지 반) 마련할 수 있는 모든 것. ❹ **격파**(擊칠 격, 破깨뜨릴 파) 상대방을 공격하여 무찌름.

생을 함께했지.

"모두들 힘내라! 이 산만 빠르게 넘는다면, 승리는 우리의 것이다."

"알겠습니다, 장군님!"

나폴레옹의 군대는 단 이틀 만에 알프스를 넘어 이탈리아에 나타났어. 갑자기 나타난 프랑스 군을 보고 모두들 크게 놀랐지.

"아니, 설마 그 험한 알프스를 이렇게 빨리 넘었 단 말인가?"

프랑스군은 당황한 적을 단숨에 격파했어.❹ 프랑 스군은 큰 승리를 거두었지. 그 이후로도 나폴레 옹은 승리를 거듭해 유럽 전체를 무릎 꿇렸어. 이 제 유럽의 그 어떤 나라도 나폴레옹이 있는 프랑 스를 건드리지 못했지.

"나폴레옹은 천재 전략가야!"

"나폴레옹이 있는 한 우리 프랑스는 무적이야!"

프랑스 사람들은 입을 모아 나폴레옹을 칭송했어.❺ 프랑스에서 나폴레옹의 인 기는 점점 높아졌지. 이제 프랑스뿐 아니라 유럽 어디에도 나폴레옹을 대적할❻ 수 있는 사람은 아무도 없었어.

마침내 나폴레옹은 스스로 프랑스의 황제 자리에 올랐어. 군인에서 전 유럽 이 두려워하는 황제의 자리까지 오른 나폴레옹은 지금도 입지전적❼ 인물로 기억 되고 있지.

🧭 **지리 사전**

알프스산맥

유럽 대륙의 중남부에 있는 산맥이야. 독일, 프랑스, 오스 트리아, 스위스, 이탈리아 등 지에 걸쳐 있어.

---

❺ 칭송(稱부를 칭, 頌칭송할 송) 훌륭한 일이나 잘한 일을 칭찬하여 높이 떠받드는 것. ❻ 대적(對대할 대, 敵적 적) 적이 나 어떤 세력, 힘에 맞서 겨룸. ❼ 입지전적(立설 립, 志뜻 지, 傳전할 전, 的과녁 적) 어려운 환경을 이기고 노력하여 목적 을 달성한 사람의 성격을 띠는.

1

중심
내용

이 글의 중심 내용으로 알맞은 것을 골라 보세요. (   )

① 프랑스 혁명을 주도한 나폴레옹

② 유럽에서 가장 높고 험한 알프스산맥

③ 프랑스 사람들의 미움을 받은 나폴레옹

④ 뛰어난 군인에서 황제 자리까지 오른 나폴레옹

2

인물
이해

이 글의 나폴레옹에 대한 설명으로 알맞지 <u>않은</u> 것을 골라 보세요. (   )

① 프랑스의 황제가 되었다.

② 영국 출신의 장군이었다.

③ 알프스산맥을 넘어 이탈리아에 있는 적을 물리쳤다.

④ 과감하고 뛰어난 전략으로 프랑스 사람들의 믿음을 얻었다.

3

내용
이해

이 글의 프랑스 주변 나라들이 다음과 같이 말한 까닭으로 알맞은 것을 골라 보세요. (   )

군대를 모아 프랑스로 진격합시다!

① 프랑스 사람들을 불쌍히 여겨 도와주려고

② 나폴레옹이 자신들의 나라로 쳐들어오는 것을 미리 막으려고

③ 자기 나라 국민이 프랑스처럼 혁명을 일으켜 왕을 몰아낼까 봐 두려워서

④ 프랑스가 혁명으로 혼란스러운 틈을 타 프랑스의 영토를 나누어 가지려고

4

내용
적용

이 글의 나폴레옹과 인터뷰를 했어요. 빈칸에 들어갈 말로 알맞은 것을 골라 보세요. (   )

기자: _____

나폴레옹: 알프스산맥을 넘어 기습에 성공했습니다. 적군은 우리가 험한 알프스산맥을 넘어올 거라고는 생각하지 못했을 것입니다. 그래서 싸울 준비를 안 하고 여유를 부리다가 당하고 만 것이지요.

① 알프스 산맥은 얼마나 험한가요?

② 어떻게 유럽을 정복할 수 있었나요?

③ 프랑스의 황제가 된 비결이 무엇이었나요?

④ 어떤 방법으로 이탈리아에 있던 적군을 물리칠 수 있었나요?

5

핵심
정리

빈칸을 채우며 이 글의 내용을 정리해 보세요.

과감하고 뛰어난 전략으로 유명했던 ① ☐☐☐☐ 은 험한 알프스산

맥을 넘어 적에게 포위된 프랑스군을 구출했다. 이후 그는 여러 전쟁에서도 거듭 승리하며

프랑스 시민들로부터 영웅으로 칭송받았다. 그는 훗날 ② ☐☐☐ 의 황제로

즉위하였으며, 오늘날까지도 입지전적 인물로 기억되고 있다.

어휘 학습

6

어휘
복습

낱말의 알맞은 뜻을 찾아 선으로 이어 보세요.

(1) 만반 •

(2) 격파 •

(3) 대적 •

• ① 마련할 수 있는 모든 것.

• ② 상대방을 공격하여 무찌름.

• ③ 적이나 어떤 세력, 힘에 맞서 겨룸.

7

어휘
적용

대화를 읽고 빈칸에 들어갈 말로 알맞은 것을 골라 보세요. (   )

두기: 선생님, 이번에 국회의원이 된 사람은 원래 가난한 구두 수선공이었대요.
    참 대단하죠?

용선생: 그것참, 입지전적 인물이구나!

두기: 입지전적 인물이라니, 그게 무슨 뜻이에요?

용선생: _____

① 세상에 둘도 없는 영웅이라는 뜻이야.

② 현재는 초라하지만 살아온 과거가 화려했다는 뜻이야.

③ 어려운 환경을 이기고 노력하여 목적을 이룬 사람이란 뜻이야.

링컨, 남북전쟁을 승리로 이끌다

미국에서는 남북 전쟁이 왜 일어났을까? 링컨은 어떻게 남북전쟁을 승리로 이끌었는지 궁금해!

에이브러햄 링컨
(1809년 ~ 1865년)

미국의 제16대 대통령이야. 노예 제도를 두고 남북이 치열하게 대립하는 상황에서 혼란한 미국을 이끌었고, 오늘날 미국인에게 널리 존경받고 있어.

교과서 핵심어	★링컨 ★미국 ★흑인 노예 ★남북전쟁

수백 년 전 미국에는 흑인 노예❶가 많았어. 유럽 사람들이 아메리카에 큰 농장❷을 짓고, 아프리카에서 흑인을 데려와 노예로 부리며 농사를 지었거든. 이렇게 아프리카에서 미국으로 끌려온 흑인 노예의 수는 셀 수 없이 많았지.

그런데 미국은 북부와 남부의 모습이 많이 달랐어. 북부는 공업이 발달해서 공장이 많았지. 반면 남부는 북부에 비해 기온이 따뜻하고 땅이 기름졌어. 그래서 커다란 농장에서 농사를 짓는 사람이 많았지. 이런 농장에서 일하는 사람들은 주로 흑인 노예였어.

"거기 너! 왜 일은 하지 않고 놀고 있는 거야!"

"아악! 주인님, 죄송합니다. 금방 가서 일할게요!"

남부 지역의 노예들은 쇠사슬에 묶인 채 온종일 힘든 일에 시달렸어. 다치거나 목숨을 잃더라도 누구 하나 슬퍼하는 사람도 없었지. 미국 북부 사람들은 이런 모습을 보고 눈살을 찌푸렸어.

"같은 인간을 저렇게 끔찍하게 다루다니! 노예 제도는 당장 금지되어야 합니다."

"무슨 소리! 남부는 노예가 없으면 농사를 지을 수가 없다고!"

노예 제도를 둘러싸고 미국이 남부와 북부로 나뉘어 으르렁거릴 때, 링컨이 미국의 제16대 대통령으로 당선됐지❸. 링컨은 노예 제도를 반대하는 인물로 잘 알려져 있었어. 남부 사람들은 들썩거렸어.

"링컨이 당선됐으니, 곧 노예 제도가 폐지될 겁니다."❹

"남부는 노예 없이는 살 수 없어요! 우리는 미국과 갈라지겠습니다."

남부 사람들은 노예 제도 폐지에 반대했고, 노예 없이 살 바에는 미국에서 독

---

❶ 노예(奴종 노, 隷종 예) 남의 소유물이 되어 부림을 당하는 사람. ❷ 농장(農농사 농, 場마당 장) 농사지을 땅과 농기구, 가축, 노동력을 갖추고 농업을 경영하는 곳. ❸ 당선(當마땅할 당, 選가릴 선) 선거에서 뽑힘.

립해 따로 나라를 세우겠다고 선언했어. 하지만, 링컨은 단호하게 거절했지.

"그런 이유로 미국이 둘로 갈라질 순 없습니다. 남부의 독립을 인정하지 않겠습니다."

결국 미국의 남부와 북부 사이에 전쟁이 시작됐어. 남북전쟁이 터진 거야.

남북전쟁은 4년 동안이나 치열하게 계속됐어. 그동안 무려 20만 명이 넘는 북부 사람들이 전쟁터에서 목숨을 잃었지. 기나긴 전쟁에 지친 북부 사람들은 불만을 쏟아냈어.

"왜 우리가 이토록 많은 희생을 해야 합니까? 남부가 독립하도록 그냥 두면 안 됩니까?"

때마침 전쟁으로 목숨을 잃은 사람들을 추모하는 행사가 열렸어. 이 자리에 참석한 링컨은 사람들 앞에서 이렇게 연설했지.

"여러분, 우리 미국은 모든 사람들이 자유롭고 평등하게 태어났다는 믿음 아래 세워졌습니다. 오직 국민의, 국민에 의한, 국민을 위한

나라가 사라지지 않도록 우리는 최선을 다해야 합니다. 모두 힘냅시다!"

링컨의 연설에 북부 사람들의 마음이 움직였어. 북부 사람들은 계속 싸우기로 결심했지.

몇 년 뒤 남북전쟁에서는 북부가 승리를 거두었고, 마침내 흑인 노예들은 자유를 얻게 되었어. 링컨 대통령은 하나의 미국을 지켜내고, 모든 국민을 존중하는 민주주의의 의미를 되새기게 한 인물로 지금도 널리 존경받아.

🏛 역사 사전

남북전쟁
1861년부터 1865년까지 노예제 폐지 문제를 두고 미국의 남부와 북부가 갈라져서 벌인 전쟁이야.

---

❹ 폐지(廢폐할 폐, 止그칠 지) 실시하여 오던 제도나 법, 일을 그만두거나 없앰. ❺ 단호하다(斷끊을 단, 乎어조사 호) 결심이나 태도, 입장이 엄격하고 분명하다. ❻ 희생(犧희생 희, 牲희생 생) 남을 위해 자신의 목숨 등을 바침. ❼ 추모(追쫓을 추, 慕그리울 모) 죽은 사람을 그리며 생각함.

독해 학습

1 이 글을 읽고 알맞은 내용에 선을 그어 중심 문장을 완성해 보세요.

중심
내용

링컨은

① 노예 제도를 반대했고

② 노예 제도를 찬성했고

남북전쟁에서

③ 패배하고 말았다.

④ 승리를 거두었다.

2 이 글의 링컨에 대한 설명으로 알맞지 <u>않은</u> 것을 골라 보세요. (   )

인물
이해

① 미국의 대통령이다.

② 남부의 독립을 반대했다.

③ 남부 사람들의 지지를 받았다.

④ 오늘날 미국에서 존경받는 인물이다.

3 이 글의 남북전쟁에 대한 검색 결과로 알맞은 것을 <u>모두</u> 골라 보세요. (,   )

내용
이해

> 남북선생   ▼ 🔍

① 북부의 승리로 전쟁이 끝났다.

② 북부의 피해는 거의 없이 전쟁이 금방 끝났다.

③ 링컨이 노예 제도 폐지를 반대하며 벌어진 전쟁이다.

④ 노예 제도를 둘러싼 남부와 북부의 입장 차이가 전쟁의 원인이었다.

4 이 글을 연극으로 만들었어요. 빈칸에 들어갈 대사로 알맞은 것을 골라 보세요.

내용
적용

(   )

> 링컨: 내가 노예 제도에 반대하는 이유는 _____

① 노예들이 게을러서 일을 하지 않기 때문입니다.

② 모든 사람은 자유롭고 평등하게 태어났기 때문입니다.

③ 값싼 노예 때문에 백인들이 일자리를 얻기 힘들기 때문입니다.

④ 노예를 부리는 대신 기계를 이용하는 것이 훨씬 효율적이기 때문입니다.

5 빈칸을 채우며 이 글의 내용을 정리해 보세요.

핵심
정리

오늘의 인물: ①	

국적	미국
직업	대통령
한 일	• 노예 제도 폐지를 주장했다. • 남부와 북부 사이에 일어난 전쟁인 ② [ ]에서 북부의 승리를 이끌었다. • 하나의 미국을 지켜내고, 민주주의의 의미를 되새기게 한 인물로 존경받는다.

어휘 학습

6 낱말의 알맞은 뜻을 찾아 선으로 이어 보세요.

어휘
복습

(1) 당선 •

(2) 폐지 •

(3) 추모 •

• ① 선거에서 뽑힘.

• ② 죽은 사람을 그리며 생각함.

• ③ 실시하여 오던 제도나 법규, 일을 그만두거나 없앰.

7 보기 에서 알맞은 낱말을 찾아 밑줄 친 말을 바꾸어 써 보세요.

어휘
적용

보기	노예	농장	단호하다	희생

(1) 조금도 양보할 수 없다는 우리의 입장은 <u>엄격하고 분명하다.</u>

➡ 조금도 양보할 수 없다는 우리의 입장은 (   ).

(2) 소방관이 <u>남을 위해 자신의 목숨을 바친</u> 덕분에 수많은 생명을 구했다.

➡ 소방관이 (   )한 덕분에 수많은 생명을 구했다.

역사 놀이터

▶ 정답 18쪽

핵심어 찾기 대작전!

🔍 각각의 빈칸에 들어갈 핵심어를 아래 글자판에서 찾아 동그랗게 묶고 해당 번호를 써 보세요.

❶ 프랑스 출신의 천재 전략가야. 전투마다 승리를 거듭해 온 유럽을 무릎 꿇리고 프랑스의 황제가 되었어.

❷ 프랑스의 왕비 마리 ○○○○○는 화려한 파티를 즐겼지만, 분노한 민중들에게 처형당하고 말았어.

❸ ○○○○○ 2세는 남편을 내쫓고 러시아의 황제가 되었어.

❹ 미국의 첫 번째 대통령 조지 ○○○은 영국에 맞서 미국 독립 전쟁을 승리로 이끈 사람이야.

❺ 미국 남부 사람들이 노예 제도 폐지에 반발하면서 ○○○○이 벌어졌어.

❻ 먹고살기 어려웠던 프랑스의 평민들은 무기를 잡고 일어나 ○○○ ○○을 일으켰어.

프	랑	스	혁	명	예
❶나	이	혁	아	앙	카
남	폴	리	명	투	테
북	워	레	탈	아	리
전	싱	용	옹	네	나
쟁	턴	혁	명	트	명

밤을 환하게 밝히는 전구!
과연 언제부터 집집마다 전구를 썼는지
궁금하지 않니? 한번 살펴보자!

6주

1811년	1876년
홍경래의 난	강화도 조약

1796년	1854년	1859년	1871년	1879년
제너, 종두법 개발	나이팅게일, 전쟁터로 떠남	찰스 다윈, 《종의 기원》 출간	독일 통일	에디슨, 전구 실험에 성공함

회차	학습 내용	교과서 핵심어	교과 연계	학습 계획일
26	**제너,** 세계 최초로 백신을 만들다	★ 제너 ★ 영국 ★ 종두법 ★ 백신	【중학 역사 l】 4. 제국주의 침략과 국민 국가 건설 운동 ② 유럽의 산업화와 제국주의	월 일
27	**나이팅게일,** 수많은 군인의 목숨을 살리다	★ 나이팅게일 ★ 영국 ★ 간호	【중학 역사 l】 4. 제국주의 침략과 국민 국가 건설 운동 ② 유럽의 산업화와 제국주의	월 일
28	**다윈,** 진화론을 주장하다	★ 다윈 ★ 영국 ★ 진화론	【중학 역사 l】 4. 제국주의 침략과 국민 국가 건설 운동 ② 유럽의 산업화와 제국주의	월 일
29	**비스마르크,** 독일을 하나로 통일하다	★ 비스마르크 ★ 통일 ★ 독일 제국	【중학 역사 l】 4. 제국주의 침략과 국민 국가 건설 운동 ① 유럽과 아메리카의 국민 국가 체제	월 일
30	**에디슨,** 세계 최고의 발명왕이 되다	★ 에디슨 ★ 전구 ★ 미국 ★ 발명왕	【중학 역사 l】 4. 제국주의 침략과 국민 국가 건설 운동 ② 유럽의 산업화와 제국주의	월 일
역사 놀이터	**핵심어로 사다리 타기!**			

| 유럽 |

제너, 세계 최초로 백신을 만들다

주사만 맞으면 병을 예방할 수 있다니, 정말 놀라워! 제너는 백신을 어떻게 발명한 걸까?

인물 사전

에드워드 제너
(1749년 ~ 1823년)

영국의 의사이자 동물학자야. 천연두를 막는 백신을 처음으로 개발한 사람이기도 하지.

교과서 핵심어 | ★제너 ★영국 ★종두법 ★백신

영국 한 시골 마을에 제너라는 의사가 살고 있었어. 제너는 환자를 잘 돌보고 병을 잘 고치기로 마을에 소문이 자자했지.

"제너 선생님은 아주 실력 있는 의사야."

"맞아. 제너 선생님 병원에만 갔다 오면 아픈 곳이 씻은 듯이 낫는다니까!"

하지만 제너조차 고칠 수 없는 병이 하나 있었어. 바로 '천연두'였지. 천연두는 한번 걸렸다 하면 온몸이 열로 펄펄 끓고 몸에 붉은 두드러기가 잔뜩 일어나는 병이야. 전염성이 매우 강한 병인데다가 치료제가 없어서 걸리면 대부분 목숨을 잃었지. 다행히 기사회생❶하더라도 피부에 큰 흉터가 남았어. 제너는 깊은 고민에 빠졌지.

'더 이상 환자를 잃을 순 없어. 천연두를 막을 수 있는 방법이 어디 없을까?'

그런데 제너는 흥미로운 이야기를 들었어. '우두'라는 병에 걸린 사람은 천연두에 걸리지 않는다는 것이었지. 우두는 천연두와 비슷하지만 증세❷가 비교적 가벼운 병이었어. 별다른 약을 쓰지 않아도 자연스럽게 낫는 사람도 많았지.

"우두에 걸린 사람은 천연두에 걸리지 않는다고? 사실인지 알아보아야겠어!"

제너는 실험 하나를 해 보기로 했어. 바로 우두를 앓았던 사람에게 천연두 균을 주사하는 거야. 제너는 실험에 참여❸할 사람을 모집❹하기 시작했지. 하지만 마을 사람들은 제너의 실험을 꺼렸어. 자칫 잘못하다 천연두에 걸려 목숨을 잃을까 봐 두려웠거든.

"아무리 제너 선생님이라 해도 너무해. 멀쩡한 사람에게 천연두 균을 주사한다니!"

"그러게 말이에요. 그러다 천연두에 걸려 죽으면 어떡하려고!"

---

❶ 기사회생(起일어날 기, 死죽을 사, 回다시 회, 生날 생) 거의 죽을 뻔하다가 도로 살아남. ❷ 증세(症증상 증, 勢형세 세) 병을 앓을 때 나타나는 여러 가지 상태나 모양. ❸ 참여(參참여할 참, 與더불어 여) 어떤 일에 끼어들어 관계함. ❹ 모집 (募모을 모, 集모을 집) 사람이나 작품, 물품을 일정한 조건 아래 널리 알려 뽑거나 모음.

그러던 어느 날, 한 노인이 제너의 병원 문을 두드렸어.

"저는 어렸을 때 우두를 앓았습니다. 선생님을 믿고 실험에 참여하고 싶습니다."

"어르신, 정말 감사합니다!"

제너는 뛸 듯이 기뻐하며 노인을 진료실로 데려갔어. 그리고 준비해둔 천연두 균을 노인에게 주사했지. 며칠 뒤, 제너는 조심스레 노인에게 물었어.

"몸은 좀 어떠십니까?"

"아주 가뿐해요. 주사를 맞은 곳 말고는 아픈 곳도 없습니다."

이로써 우두에 걸린 사람은 천연두에 걸리지 않는다는 게 증명되었어.

"이제 많은 사람을 천연두로부터 구해낼 수 있어!"

제너는 여기서 **❺**착안해 우두 균을 주사해 천연두를 막는 방법을 개발해냈어. 이렇게 **❻**백신을 놓아 천연두를 막는 방법을 '종두법'이라고 해. 제너는 세계 최초로 백신을 만든 거야. 종두법이 널리 퍼지면서 천연두에 걸려 목숨을 잃는 사람은 거의 사라지게 되었지.

제너의 종두법은 이후 수많은 백신의 탄생에 영향을 줬어. 훗날 종두법과 비슷한 방법으로 몸에 아주 약한 세균이나 죽은 세균을 주사하면 몸이 그 세균에 맞서 싸우는 법을 익히게 되고, 그러면 나중에 힘이 센 병균을 만나도 쉽게 이겨낸다는 것이 밝혀졌거든. 덕분에 제너는 수많은 생명을 구한 '백신의 아버지'라는 별명으로 불리게 됐어.

❺ **착안**(着붙을 착. 眼눈 안) 어떤 문제를 해결하기 위한 실마리를 잡음. ❻ **백신** 전염병에 대한 면역을 만들기 위해 몸에 투여하는 항원.

1 가로세로 열쇠 힌트를 읽고 십자말풀이를 풀어 보세요.

중심
내용

	①	
②		

세로 열쇠

① 열이 나고 온몸에 붉은 두드러기가 나는 전염병으로, 치료제가 없어 이 병에 걸린 대부분이 목숨을 잃었다.

가로 열쇠

② 우두 균을 주사해 더 큰 병을 막는 치료 방법이다.

2 이 글의 제너에 대한 설명으로 알맞지 <u>않은</u> 것을 골라 보세요. (   )

인물
이해

① '백신의 아버지'로 불린다.

② 병을 잘 고치기로 유명한 의사였다.

③ 천연두를 예방하는 방법을 개발했다.

④ 천연두를 앓았던 사람에게 우두 균을 주사하는 실험을 했다.

3 이 글의 천연두에 대한 검색 결과로 알맞은 것을 골라 보세요. (   )

내용
이해

친연두 ▼ 🔍

① 우두보다 증상이 약한 병이었다.

② 다른 사람에게 옮기는 전염력은 없었다.

③ 우두에 걸린 사람은 천연두에 걸리지 않았다.

④ 별다른 치료 없이 저절로 나을 수 있는 병이다.

4 이 글을 읽고 다음에 이어질 상황으로 알맞지 <u>않은</u> 것을 골라 보세요. (   )

추론

우두에 걸렸던 할아버지에게 천연두 균을 주사하는 제너	➡	

① 세계 최초의 백신이 탄생했다.

② 할아버지가 천연두에 감염돼 목숨을 잃었다.

③ 이 실험 이후 천연두에 걸려 죽는 사람은 크게 줄었다.

④ 실험 결과 우두에 걸린 사람은 천연두에 걸리지 않다는 게 증명되었다.

5 빈칸을 채우며 이 글의 내용을 정리해 보세요.

핵심
정리

오늘의 인물: ①		
국적	영국	
직업	의사	
한 일	우두 균을 주사하여 천연두를 예방하는 종두법을 개발했다. 이것은 세계 최초의 ② [ ] 이었고, 천연두로 사망하는 사람이 크게 줄었다.		

어휘 학습

6 낱말의 알맞은 뜻을 찾아 선으로 이어 보세요.

어휘
복습

(1) 증세 •

(2) 착안 •

(3) 백신 •

• ① 어떤 문제를 해결하기 위한 실마리를 잡음.

• ② 병을 앓을 때 나타나는 여러 가지 상태나 모양.

• ③ 전염병에 대한 면역을 만들기 위해 몸에 투여하는 항원.

7 다음 설명을 읽고 밑줄 친 사자성어가 알맞게 쓰인 문장을 모두 골라 보세요.

어휘
적용

(,   )

'기사회생(起死回生)'은 거의 죽을 뻔하다가 도로 살아난다는 뜻이다.

① 약장수는 그 약을 먹으면 기사회생한다고 허풍을 떨었다.

② 그는 혼수상태에 빠진 지 한 달 만에 죽어 결국 기사회생했다.

③ 우리 축구팀은 내내 밀리다가 결국 골을 넣지 못해 기사회생했다.

④ 망하기 직전이었던 그 영화사는 새 영화가 흥행하여 기사회생을 하였다.

27 나이팅게일, 수많은 군인의 목숨을 살리다

> 병원에서 죽는 사람이 그렇게나 많았다니! 나이팅게일은 어떻게 환자들을 살린 걸까?

플로렌스 나이팅게일
(1820년 ~ 1910년)

영국의 간호사야. 질병 치료에 있어 간호와 위생의 중요성을 널리 알린 인물이야.

| 교과서 핵심어 | ★나이팅게일 ★영국 ★간호 |

"으아악! 제발 살려주세요!"

"저 환자 좀 누가 돌봐 주세요! 두 다리를 잃고 실려 왔어요."

지금은 1854년, 여기는 전쟁터 근처의 한 병원이야. 이곳은 크게 다친 채 실려 온 병사들의 비명 소리가 가득했지. 매일 수많은 환자가 병원에서 목숨을 잃었어. 그런데 전쟁터에서 죽는 병사들보다, 병원에 도착한 뒤 앓다가 죽는 병사가 훨씬 많았지. 이 소식은 멀리 영국에도 퍼져 나갔어.

"젊은이들이 이렇게 죽게 놔둘 순 없어. 나라도 나서자!"

영국의 간호사 나이팅게일도 이 소식을 들었어. 나이팅게일은 늘 가난하고 병든 사람들을 돕는 데 열심인 사람이었지. 나이팅게일은 자신과 뜻을 같이하는 간호사 38명과 함께 병원으로 향했어.

나이팅게일 일행은 도착하자마자 병원의 처참한❶ 모습에 깜짝 놀랐어.

"나이팅게일, 이것 좀 보세요. 수술 도구에는 녹❷이 새까맣게 슬어 있고 침대 안에는 구더기가 득시글득시글해요. 어쩌죠?"

"세상에! 병사들이 여기서 수없이 죽어 나가는 이유는 바로 이런 불결❸한 환경 때문이었어."

당시 사람들은 병이 나으려면 깨끗한 환경이 얼마나 중요한지 알지 못했어. 그래서 수많은 환자들이 더러운 환경에서 세균에 감염❹돼 죽

> 이렇게 지저분한 곳에 환자들을 내팽개치다니…!

---

❶ 처참하다(悽슬퍼할 처, 慘혹할 참) 몸서리칠 정도로 슬프고 끔찍하다. ❷ 녹(綠푸를 녹) 산화 작용으로 쇠붙이의 표면에 생기는 물질. ❸ 불결(不아니 불, 潔깨끗할 결) 깨끗하지 않고 더러움. ❹ 감염(感느낄 감, 染물들 염) 병균이 몸 안에 들어가 퍼짐.

었던 거야. 나이팅게일은 우선 병원의 지저분한 환경부터 고치기로 했어.

"깨끗한 옷과 침대가 필요해요. 소독약도 더 필요하고요. 어서요!"

나이팅게일은 자신의 재산까지 털어 병사들을 도왔어. 환자에게는 늘 깨끗한 옷을 입히고, 병균이 옮지 않도록 한 번 사용한 물건은 철저히 소독했어. 또 매일 밤 등불을 들고 환자들 곁을 지켰지.

"나이팅게일……. 나는 오늘 밤을 못 넘길 것 같아요."

"걱정 마세요, 제가 오늘 밤 내내 지켜보고 있을 테니까요."

그렇게 6개월이 지난 후 나이팅게일은 그동안의 환자 수와 죽거나 완치된 사람들의 수를 세어 표와 그래프로 정리했어. 사람들은 나이팅게일이 정리한 자료를 보고 깜짝 놀랐지.

"세상에! 환자 사망률이 40퍼센트에서 2퍼센트로 뚝 떨어졌잖아?"

나이팅게일이 주장한 대로 건강을 회복하려면 청결이 아주 중요하다는 것이 증명된 거야. 덕분에 그 후 군대와 병원의 위생 상태가 많이 나아질 수 있었어.

"나이팅게일이라는 간호사가 수많은 병사들을 살렸대!"

기적 같은 일에 영국이 들썩였어. 영국 여왕까지 나서서 나이팅게일을 크게 칭찬했지. 하지만 나이팅게일은 여기서 만족하지 않았어.

"여왕님, 간호사가 부족합니다. 저 같은 간호사들이 더 많이 필요합니다. 간호사를 키우는 학교를 만들어 주세요."

그렇게 1860년, 세계 최초의 간호 전문학교인 '나이팅게일 간호학교'가 문을 열었어. 덕분에 간호사들이 많이 생겨 환자를 살리는 데에 큰 도움을 줬지. 이러한 나이팅게일의 헌신적인 노력 덕에 오늘날 더 많은 사람이 건강을 지킬 수 있게 된 거야.

---

❺ 소독(消사라질 소. 毒독 독) 병의 감염이나 전염을 예방하기 위하여 병원균을 죽이는 일. ❻ 완치(完완전할 완. 治다스릴 치) 병을 완전히 낫게 함. ❼ 청결(淸맑을 청. 潔깨끗할 결) 맑고 깨끗함. ❽ 위생(衛지킬 위. 生날 생) 건강에 유익하도록 조건을 갖추거나 대책을 세우는 일. ❾ 헌신(獻바칠 헌. 身몸 신) 몸과 마음을 바쳐 있는 힘을 다함.

1 이 글을 읽고 알맞은 내용에 선을 그어 중심 문장을 완성해 보세요.

중심
내용

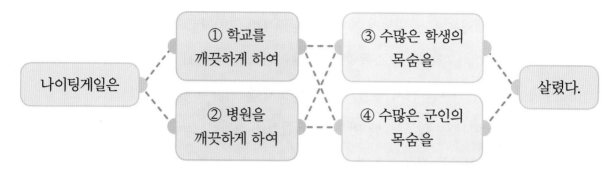

| 나이팅게일은 | ① 학교를 깨끗하게 하여 | ③ 수많은 학생의 목숨을 | 살렸다. |
| | ② 병원을 깨끗하게 하여 | ④ 수많은 군인의 목숨을 | |

2 이 글의 나이팅게일에 대한 설명으로 알맞은 것을 <u>모두</u> 골라 보세요. (,   )

인물
이해

① 영국의 의사였다.

② 군인을 도와 무기를 들고 전쟁터에서 싸웠다.

③ 아픈 군인들을 돌보기 위해 병원에서 일했다.

④ 병이 나으려면 청결이 중요하다는 것을 증명했다.

3 이 글을 읽고 다음 질문에 대해 알맞지 <u>않게</u> 대답한 사람을 골라 보세요. (   )

내용
이해

> 나이팅게일은 환자를 살리기 위해 어떻게 했을까요?

① 하다: 날마다 정성스레 환자를 돌보았어.

② 영심: 환자가 깨끗한 옷과 침대를 사용하게 했어.

③ 수재: 자신의 재산까지 털어 환자들을 돕는 데 썼어.

④ 선애: 한 번 사용한 물건은 소독하지 않고 다시 사용했어.

4 다음 신문 기사에서 이 글의 내용과 일치하지 <u>않는</u> 것을 골라 보세요. (   )

내용
적용

○○ **일보**   1855년 ○○월 ○○일

〈속보〉 간호사 나이팅게일, 군인들의 목숨을 살리다

　① 영국 출신의 간호사 나이팅게일이 기적을 이루어 냈다. ② 그동안 병원은 지나치게 깨끗해서 수많은 군인이 목숨을 잃었다. 그래서 나이팅게일은 ③ 불결한 환경에서 환자가 감염되는 것을 막기 위해 많은 노력을 기울였다. 나이팅게일의 노력으로 반년이 지난 뒤 ④ 환자의 사망률은 크게 줄었다.

5 빈칸을 채우며 이 글의 내용을 정리해 보세요.

핵심
정리

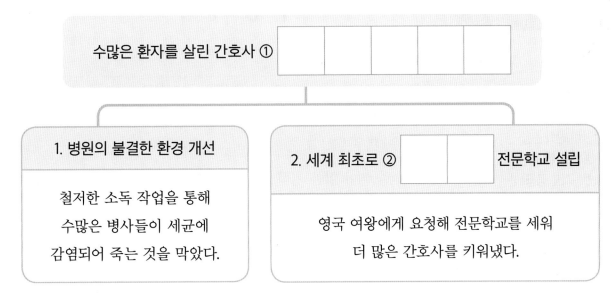

수많은 환자를 살린 간호사 ① ⬚⬚⬚⬚⬚

1. 병원의 불결한 환경 개선

철저한 소독 작업을 통해
수많은 병사들이 세균에
감염되어 죽는 것을 막았다.

2. 세계 최초로 ② ⬚⬚ 전문학교 설립

영국 여왕에게 요청해 전문학교를 세워
더 많은 간호사를 키워냈다.

 어휘 학습

6 낱말의 알맞은 뜻을 찾아 선으로 이어 보세요.

어휘
복습

(1) 소독 •

(2) 청결 •

(3) 위생 •

• ① 맑고 깨끗함.

• ② 건강에 유익하도록 조건을 갖추거나 대책을 세우는 일.

• ③ 병의 감염이나 전염을 예방하기 위하여 병원균을 죽이는 일.

7 보기 에서 알맞은 낱말을 찾아 밑줄 친 말을 바꾸어 써 보세요.

어휘
적용

| 보기 | 처참하다 | 녹 | 불결 | 감염 | 완치 | 헌신 |

(1) 전쟁이 지나간 자리는 아주 몸서리칠 정도로 슬프고 끔찍하다.

➡ 전쟁이 지나간 자리는 아주 (   ).

(2) 환자를 살리기 위해 간호사는 몸과 마음을 바쳐 있는 힘을 다한다.

➡ 환자를 살리기 위해 간호사는 (   )한다.

28

다윈, 진화론을 주장하다

다윈은 무엇을 보고 진화론을 주장한 걸까? 사람들이 진화론을 처음 들었을 때 어떤 반응이었는지도 궁금해!

 인물 사전

찰스 다윈
(1809년 ~ 1882년)
영국의 생물학자야. 진화론을 주장하여 과학 발전에 큰 영향을 끼쳤어.

| 교과서 핵심어 | ★다윈 ★영국 ★진화론 |

"뿌우, 뿌우, 뿌우-!"

커다란 배 한 척이 힘찬 기적① 소리를 내며 영국을 출발했어. 이 배에는 갓 대학을 졸업한 젊은 생물학자 다윈이 타고 있었지.

'드디어 온갖 생물을 내 눈으로 직접 볼 수 있게 되었구나!'

다윈은 전 세계를 돌면서 희귀한② 동물과 식물의 표본③을 수집해 돌아올 예정이었어. 다윈의 목적지 가운데 하나는 '갈라파고스 제도'였지.

남아메리카 대륙 근처의 갈라파고스 제도는 육지에서 아주 멀리 떨어진 섬이었어. 그래서 갈라파고스에는 다윈이 그동안 보지 못했던 특이한④ 생물들이 많았지.

"와, 이렇게 생긴 식물은 처음 보는데?"

"이 새는 부리가 몹시 특이하구나!"

다윈은 갈라파고스에서 여러 종류의 생물을 수집하고 관찰했어.⑤ 그리고 5년 후 영국으로 돌아왔지. 그런데 갈라파고스에서 수집한 새 표본을 살피던 다윈은 신기한 사실을 알게 되었어.

"어라, 이 새들 부리만 다르지 모두 비슷하게 생겼잖아?"

알고 보니 갈라파고스에서 가져온 새들이 모두 '핀치'라는 작은 새였던 거야. 새들마다 부리 생김새가 다르고, 서로 사는 곳도 달랐기 때문에 미처 알아차리지 못했던 거지.

'씨앗을 먹이로 삼는 핀치는 부리가 넓고 크구나. 하지만 작은 벌레를 먹는 핀치는 부리가 작고 가늘어.'

핀치의 부리 모양을 살피던 다윈은 조심스럽게 생각했어.

---

① 기적(汽수증기 기, 笛피리 적) 기차나 배에서 증기를 내뿜는 힘으로 나는 소리. ② 희귀(稀드물 희, 貴귀할 귀) 드물어서 특이하거나 매우 귀함. ③ 표본(標표할 표, 本근본 본) 생물의 몸 전체나 그 일부에 적당한 처리를 하여 보존할 수 있게 한 것. ④ 특이(特특별할 특, 異다를 이) 보통 것이나 보통 상태에 비하여 두드러지게 다름.

'같은 종류의 새들이 각자 사는 환경에 따라 조금씩 모습을 바꾸어 온 게 아닐까?'

1859년, 다윈은 오랜 연구 끝에 '진화론[6]'을 내놓았어. 진화론은 생물이 저마다 처한 환경에 따라 조금씩 모습이 달라진다는 이론[7]이야. 생물이 이렇게 오랜 시간 변화를 거듭하다 보면, 결국 완전히 다른 모습을 한 새로운 생물이 나타난다는 이론이었지.

"생물의 모습이 계속 변화한다니! 그럼 인류의 조상도 원래는 다른 모습이었다는 건가?"

"하하, 다윈의 조상은 아마도 원숭이였던 모양이오!"

다윈을 비웃는 사람도 많았어. 그때 대부분의 유럽 사람들은 신이 모든 생물을 지금의 모습으로 창조[8]했다고 믿었거든. 이걸 창조론이라고 해. 하지만 다윈은 아랑곳하지 않고 진화론을 조금씩 발전시켜 나갔어. 다윈의 진화론 덕분에 사람들은 지구상의 수많은 생물이 어떻게 이렇게 저마다 다른 모습으로 존재하는지 과학적으로 이해할 수 있게 되었지. 그래서 다윈은 생물학의 새로운 세계를 연 사람으로 널리 존경받아.

🧭 지리 사전

갈라파고스 제도

태평양 동쪽에 있는 작은 화산섬 무리야. 다른 지역에는 없는 특이한 새와 파충류가 많이 살고 있어.

---

[5] 관찰(觀볼 관. 察살필 찰) 사물이나 현상을 주의 깊게 자세히 살펴봄. [6] 진화(進나아갈 진. 化될 화) 생물이 생명의 기원 이후부터 점진적으로 변해 가는 현상. [7] 이론(理다스릴 리. 論논할 논) 원리나 이치를 밝히기 위해 논리적으로 짠 생각. [8] 창조(創시작할 창. 造만들 조) 전에 없던 것을 처음으로 만듦.

1 이 글의 중심 내용으로 알맞은 것을 골라 보세요. (   )

중심
내용

① 진화론을 주장한 다윈

② 갈라파고스 새 전문가 다윈

③ 갈라파고스 제도에서 돌을 관찰한 다윈

④ 신이 모든 생물을 만들었다고 믿은 유럽 사람들

2 이 글의 다윈에 대한 설명으로 알맞지 <u>않은</u> 것을 골라 보세요. (   )

인물
이해

① 영국 출신의 생물학자다.

② 사람들의 비웃음에 연구를 포기했다.

③ 생물학의 새로운 세계를 연 학자로 평가 받는다.

④ 생물이 저마다 처한 환경에 따라 모습이 달라진다는 이론을 내세웠다.

3 이 글의 내용과 일치하는 것을 골라 보세요. (   )

내용
이해

① 갈라파고스 제도는 영국에 있는 섬이다.

② 다윈이 살던 시대에 유럽에는 창조론을 믿는 사람이 많았다.

③ 다윈은 희귀 생물을 연구하기 위해 평생 남아메리카에서 살았다.

④ 진화론은 생물이 변화를 거듭하다가 결국 모두 같은 모습이 된다는 이론이다.

4 이 글의 다윈이 발표회를 열었어요. 발표회의 내용으로 알맞지 <u>않은</u> 것을 골라 보세요.

(   )

내용
적용

**찰스 다윈 박사의
발표회에 초대합니다.**

일시: 0000년 0월 0일

장소: OOO 대학

발표 제목:

갈라파고스의 핀치 새를
통해 본 인류의 '진화'

① 갈라파고스 제도에서 오로지 새만 관찰했습니다.

② 씨앗을 먹는 핀치는 부리가 크고 작은 벌레를 먹는
핀치는 부리가 작았습니다.

③ 생물은 환경에 따라 생김새가 조금씩 바뀌면서
완전히 다른 모습으로 진화하게 됩니다.

④ 핀치 새들은 같은 종이지만 먹이의 종류에 따라 다른
크기의 부리를 갖게 되었습니다.

5 빈칸을 채우며 이 글의 내용을 정리해 보세요.

핵심
정리

오늘의 인물: ① □□	
국적	영국
직업	생물학자
한 일	• 갈라파고스 제도에 가서 여러 생물들의 표본을 수집했다. • 모든 생물이 그것이 처한 환경에 맞추어 조금씩 모습이 달라진다는 ② □□□ 을 주장했다.

어휘 학습

6 낱말의 알맞은 뜻을 찾아 선으로 이어 보세요.

어휘
복습

(1) 희귀 •

(2) 표본 •

(3) 관찰 •

• ① 드물어서 특이하거나 매우 귀함.

• ② 사물이나 현상을 주의 깊게 자세히 살펴봄.

• ③ 생물의 몸 전체나 그 일부에 적당한 처리를 하여 보존할 수 있게 한 것.

7 밑줄 친 낱말의 알맞은 뜻을 골라 번호를 써 보세요.

어휘
적용

진화	① (進나아갈 진 化될 화) 생물이 생명의 기원 이후부터 점진적으로 변해 가는 현상. 예 생물의 **진화** 과정을 밝혀내는 것은 쉽지 않다. ② (鎭진압할 진 火불 화) 불이 난 것을 끔. 예 소방관은 **진화** 작업을 시작했다.

(1) 건조한 가을철 산불 진화 작업은 쉽지 않다. ( )

(2) 인간은 먼 옛날 원숭이와 비슷한 모습에서 오늘날의 모습으로 진화했다. ( )

29

비스마르크, 독일을 하나로 통일하다

비스마르크가 독일을 통일했다고? 과연 통일의 비결은 무엇이었을까?

인물 사전

오토 폰 비스마르크
(1815년 ~ 1898년)

프로이센의 재상이야. 프로이센을 중심으로 독일을 통일해 독일 제국을 건설했지.

| **교과서 핵심어** | ★비스마르크　★통일　★독일 제국 |

1800년대까지만 해도 독일은 하나의 나라가 아니었어. 오늘날 독일 땅에는 크고 작은 나라 30여 개가 어지럽게 세워져 있었지.

"우리 독일도 하나로 뭉치면 훨씬 강해질 텐데!"

독일 사람들은 한 나라로 뭉치고 싶었어. 그래서 통일을 이루려고 여러 가지 시도를 했지. 통일을 위한 시위가 열렸고, 나라들의 대표가 모여서 큰 회의를 열기도 했어. 이때, 비스마르크라는 사람이 등장했어.

"통일은 회의로 이룰 수 있는 게 아니오. 강력한 무기와 군사력으로 이루는 것이지!"

비스마르크는 프로이센의 재상❶이었어. 프로이센은 독일의 여러 나라 가운데에서도 군사력이 가장 강력하고, 산업❷도 발전한 나라였지. 비스마르크는 연이어 전쟁을 벌여 주변 나라들을 정복해 나갔어.

"프로이센이 또 승리했다고?"

"아무래도 강력한 프로이센과 힘을 합쳐야겠어!"

우리 독일이 최고가 되려면 역시 강한 군대가 필요합니다!

프로이센이 점점 강해지자, 독일의 작은 나라들은 차례로 프로이센에 무릎을 꿇었어. 불과 20여 년 사이 프로이센은 독일 통일을 눈앞에 두게 되었지.

그런데 비스마르크에게는 눈엣가시❸ 같은 나라가 하나 남아 있었어. 바로 독일 바로 옆에 있는 프랑스였지. 당시 유럽에서 제일가는 강대국이었던 프랑스는 주변 나라가 프랑스보다 커지

---

❶ 재상(宰우두머리 재. 相도움 상) 왕을 돕고 모든 관원을 지휘, 감독하던 벼슬. ❷ 산업(産낳을 산. 業일 업) 인간의 생활을 경제적으로 풍요롭게 하기 위해 물건이나 서비스를 만들어 내는 일. ❸ 눈엣가시 몹시 밉거나 싫어 늘 눈에 거슬리는 사람이나 사물.

는 것을 견제했거든.[4]

'프랑스를 무찔러야 해. 그래야 프로이센이 유럽 제일의 나라가 되고, 독일을 통일할 수 있을 거야.'

비스마르크는 프랑스를 무찌르기 위해 철저히 준비했어. 수많은 군대를 국경에 모아 두고, 새로운 무기를 잔뜩 만들었지. 그리고 1870년, 마침내 프로이센과 프랑스 사이에 전쟁이 벌어졌어.

"프랑스는 아직 전쟁 준비가 되지 않았다. 적을 빠르게 몰아붙여라!"

비스마르크는 프랑스를 향해 군대를 빠르게 돌진시켰어. 프랑스군은 순식간에 무너졌지. 다급해진 프랑스 황제가 직접 대군을 이끌고 왔지만 크게 지고 말았어.

"우리가 승리했구나. 이제 프로이센이 유럽 제일의 나라다!"

프로이센은 프랑스의 베르사유 궁전에서 '독일 제국'의 탄생을 선언했어.[5] 프로이센의 왕은 이제 독일 제국의 황제가 되었지. 이 소식을 들은 독일의 다른 나라들은 연달아 프로이센에 고개를 숙였어.

"우리 독일 사람들은 모두 황제 폐하께 충성을 맹세합니다!"

이로써 비스마르크는 독일을 통일했어. 하지만 한 가지 고민이 남았지.

'어떻게 하면 통일된 독일을 잘 유지할 수 있을까?'[6]

비스마르크는 독일이 발전하려면 더 이상 전쟁이 벌어지면 안 된다고 생각했어. 그래서 이웃나라와 사이좋게 지내는 데에 힘쓰기로 했지.

"주변의 강한 나라들과 동맹을 맺어 두면 프랑스가 독일에게 보복하지 못할[7] 거야!"

비스마르크는 프랑스를 견제하기 위해 주변 나라와 두루두루 외교 관계를 쌓아[8] 나갔어. 덕분에 독일은 평화롭고 안정된 환경에서 크게 발전하며 유럽의 강대국으로 성장했지.

역사 사전

프로이센

유럽 동북부와 중부에 있던 나라야. 독일 통일의 중심이 되었지.

지리 사전

독일

유럽 중부에 있는 나라야. 오늘날 유럽 연합을 이끄는 유럽 최고의 강대국이자, 유럽에서 인구가 가장 많은 나라이기도 하지.

---

❹ **견제**(牽이끌 견, 制억제할 제) 상대편이 지나치게 세력을 펴거나 자유롭게 행동하지 못하게 억누름. ❺ **선언**(宣널리 펼칠 선, 言말씀 언) 국가나 단체, 개인의 주장 등을 공식적으로 널리 알림. ❻ **유지**(維벼리 유, 持가질 지) 어떤 상태나 상황을 그대로 보존하거나 변함없이 계속하여 지탱함. ❼ **보복**(報갚을 보, 復돌아갈 복) 남에게 받은 피해를 그대로 되돌려 줌. ❽ **외교**(外밖 외, 交사귈 교) 다른 나라와 정치적, 경제적, 문화적 관계를 맺는 일.

1 이 글의 중심 내용으로 알맞은 것을 골라 보세요. (   )

중심
내용

① 독일의 프랑스 정복 비결

② 프랑스의 독일 통일 방해 작전

③ 독일의 통일과 발전에 힘쓴 비스마르크

④ 여러 나라로 나뉘어져 있던 독일의 역사

2 이 글의 비스마르크에 대한 설명으로 알맞은 것을 <u>모두</u> 골라 보세요. (,   )

인물
이해

① 프로이센의 재상이었다.

② 독일이 통일된 후 황제가 되었다.

③ 프랑스와 사이좋게 지내려고 노력했다.

④ 강한 무기와 군사력으로 독일을 통일하려고 하였다.

3 이 글의 내용과 일치하면 ○표, 일치하지 않으면 X표 해 보세요.

내용
이해

(1) 프로이센은 강대국이었던 프랑스와 동맹을 맺었다. (   )

(2) 프로이센은 강력한 무기와 군사력을 가지고 있던 나라였다. (   )

(3) 프로이센은 외교력으로 독일을 통일하여 독일 제국이 되었다. (   )

(4) 통일 이후 독일은 주변 나라들과 전쟁을 벌여 강대국이 되었다. (   )

4 이 글을 연극으로 만들었어요. 빈칸에 들어갈 대사로 알맞은 것을 골라 보세요. (   )

내용
적용

> 비스마르크: 프로이센은 프랑스를 무찔러야 합니다. 왜냐하면 _____

① 프랑스가 독일을 여러 나라로 갈라놓았기 때문입니다.

② 독일을 점령한 프랑스를 쫓아내야 강해질 수 있기 때문입니다.

③ 그래야 프로이센이 유럽의 강대국이 되어 통일을 이룰 수 있기 때문입니다.

④ 독일의 다른 나라들이 프로이센에게 등 돌리고 프랑스에 충성을 맹세했기 때문입니다.

5 빈칸을 채우며 이 글의 내용을 정리해 보세요.

핵심
정리

> 프로이센의 재상 ① ⬚⬚⬚⬚ 는 강력한 군사력으로
>
> 여러 나라로 나뉜 독일을 통일하려고 했다.

⬇

> 프로이센은 프랑스와의 전쟁에서 승리하면서 ② ⬚⬚ 을
>
> 통일하는 데 성공했다.

⬇

> 통일 후 독일 제국은 외교력을 통해 발전을 이루며 유럽 최고의 강대국이 되었다.

어휘 학습

6 낱말의 알맞은 뜻을 찾아 선으로 이어 보세요.

어휘
복습

(1) 견제 •

(2) 선언 •

(3) 외교 •

• ① 다른 나라와 정치적, 경제적, 문화적 관계를 맺는 일.

• ② 국가나 단체, 개인의 주장 등을 공식적으로 널리 알림.

• ③ 상대편이 지나치게 세력을 펴거나 자유롭게 행동하지 못하게 억누름.

7 밑줄 친 낱말의 뜻이 보기와 같은 것을 골라 보세요. (   )

어휘
적용

보기   남에게 받은 피해를 그대로 되돌려 줌.

① 건강을 유지하려면 평소에 운동을 열심히 해야 한다.

② 우리나라가 공격 받는다면 기필코 보복하고야 말 것이다.

③ 외교 문제를 이야기하기 위해 많은 나라 정상들이 한데 모였다.

④ 4번 선수는 많은 견제를 받아서 이번 경기에서 활약할 수 없었다.

30

에디슨, 세계 최고의 발명왕이 되다

에디슨은 전구 하나를 만들기까지 1,600번이나 실패했대! 이렇게 많이 실패한 사람을 왜 발명왕이라고 부르는 걸까?

토머스 에디슨
(1847년 ~ 1931년)

미국의 발명가야. 전화기, 전구 등 수많은 발명품을 남겨서 '발명왕'이라는 별명이 있어.

| **교과서 핵심어** | ★에디슨　★전구　★미국　★발명왕 |

"어휴, 이번에도 실패했군."

밝게 빛나던 전구가 희미하게 깜빡거리더니 이윽고 힘없이 꺼졌어. 에디슨은 한숨을 푹 내쉬며 고개를 도리도리 저었지. 벌써 몇 번째 실패인지 셀 수도 없었어.

미국의 발명가 에디슨은 새로운 전구를 개발하고[1] 있었어. 당시에는 전기로 불을 밝히는 전구의 수명이[2] 너무나 짧았거든. 10시간도 채 가지 못할 정도라서 며칠 밤만 켜도 새 전구로 바꿔야 했지. 전구에서 불을 밝히는 부분을 '필라멘트'라고 하는데, 이 필라멘트가 오래가지 못하기 때문에 일어난 일이었어.

에디슨은 온갖 재료로 필라멘트를 만들어 보았어. 자신의 머리카락이나 고양이 수염으로 필라멘트를 만들기도 했어. 하지만 번번이 실패했지.

"에디슨, 이제 그만 두는 건 어떤가? 벌써 1,600가지가 넘는 재료로 실험을[3] 했다고!"

"포기라니, 이제 막 시작일 뿐인걸? 어제 신문 보도를 보니 대나무가 필라멘트 재료로 좋다는 이야기를 들어서 한번 실험해 볼 생각이네."

에디슨은 끝까지 포기하지 않았어. 이번에는 세계 여러 곳의 대나무를 구해 와 비교했지. 결국 일본에서 나는 대나무가 좋다는 결론을 내린 에디슨은 대나무로 필라멘트를 만들었어.

이윽고 새 전구에도 환하게 불이 들어왔어. 연구소 직원들은 한 자리에 모여서 전구를 바라봤지.

"아주 환하군요! 대단합니다."

"좋아하기는 아직 일러. 얼마나 오래가는지 지켜봐야 해."

사람들은 저마다 이야기를 주고받으며 실험 결과에 주목했어. 긴장 속에 시간

---

❶ 개발(開열 개, 發필 발) 새로운 물건을 만들거나 새로운 생각을 내놓음. ❷ 수명(壽목숨 수, 命목숨 명) 물건이 쓰일 수 있는 기간. ❸ 실험(實열매 실, 驗시험 험) 이론이나 현상을 관찰하고 측정함. ❹ 개량(改고칠 개, 良좋을 량) 나쁜 점을 보완하여 더 좋게 고침.

이 조금씩 흘러갔지. 한 시간, 두 시간, 마침내 이틀이 지났어. 하지만 에디슨의 전구는 여전히 밝게 빛나고 있었어.

"성공! 성공이다! 벌써 40시간을 버텼어!"

에디슨은 함성을 지르며 기뻐했어. 이후 개량을 거듭한 에디슨의 전구는 무려 1,200시간이나 유지됐어. 에디슨의 전구는 대성공을 거두었고, 전 세계로 팔려나갔지. 이제 세계의 밤거리에는 전기 빛이 반짝이게 되었어.

훗날 자신의 발명❺ 비법을 묻는 기자에게 에디슨은 이렇게 대답했어.

"제 발명 중에 우연히 만들어진 건 없습니다. 원하는 것이 이루어질 때까지 시도했기 때문에 가능한 일이었죠. 즉, 1퍼센트의 영감❻과 99퍼센트의 노력이 있었기에 가능한 일이었습니다."

그 후에도 에디슨은 발명을 멈추지 않았어. 소리를 녹음하고 재생하는❼ 기계인 축음기, 영화를 재생하는 영사기도 모두 에디슨의 발명품이었지. 에디슨은 남의 발명품을 개량해 더 좋은 물건을 만들기도 했어.

"와, 에디슨이 발명한 물건이 1,000개가 넘는다며? 대단해!"

"그렇다네. 에디슨은 세계 최고의 발명왕이야!"

그렇게 에디슨은 미국이 자랑하는 세계 최고의 발명가로 역사에 이름을 남겼어.

---

❺ 발명(發필 발. 明밝을 명) 아직까지 없던 기술이나 물건을 새로 생각하여 만들어 냄. ❻ 영감(靈신령 령. 感느낄 감) 창조적인 활동과 관련한 기발하고 좋은 생각. ❼ 재생(再다시 재. 生날 생) 녹음·녹화한 테이프나 필름에서 본래의 소리나 모습을 다시 들려주거나 보여 줌.

1

중심
내용

이 글의 중심 내용으로 알맞은 것에 ○표 해 보세요.

① 고양이 수염으로
만든 필라멘트의
효과

② 오랜 도전 끝에
발명왕이 된
에디슨

③ 세계 여러
나라에서 대나무를
구해 온 에디슨

2

인물
이해

이 글의 에디슨에 대한 설명으로 알맞은 것은 ○표, 알맞지 않은 것은 ✕표 해 보세요.

(1) 영국의 유명한 발명가였다. ( )

(2) 축음기와 영사기를 발명했다. ( )

(3) 단 한 번의 실패 없이 오래가는 전구 개발에 성공했다. ( )

(4) 오래가는 필라멘트를 만들기 위해 다양한 재료로 실험하였다. ( )

3

내용
이해

이 글의 에디슨이 다음과 같이 말한 까닭으로 알맞은 것을 골라 보세요. ( )

> 나의 발명 비법은 1퍼센트의 영감과 99퍼센트의 노력입니다.

① 영감이 없으면 발명이 불가능하다는 것을 강조하기 위해

② 발명을 위해서는 실패하지 않는 것이 가장 중요하기 때문에

③ 우연한 발견이 발명의 가장 중요한 요소라는 것을 알려주기 위해

④ 끝까지 포기하지 않고 시도한 것이 성공 비결이라고 생각했기 때문에

4

자료
해석

사진을 보고 대화를 나누었어요. 이 글의 내용과 일치하지 <u>않는</u> 것을 골라 보세요. ( )

▲ 세계 최초의 축음기

① 선애: 축음기는 영화를 재생하는 기계야.

② 하다: 축음기는 미국에서 탄생한 물건이야.

③ 영심: 축음기를 최초로 만든 사람은 에디슨이야.

④ 수재: 이걸 만든 사람은 끊임없이 도전하는 성격이었을 거야.

5 빈칸을 채우며 이 글의 내용을 정리해 보세요.

핵심
정리

발명가 ① ⬜⬜⬜ 은 수명이 긴 전구를 개발하면서 실패를 거듭했다. 하지만 그는 포기하지 않았으며, 오랜 노력 끝에 대나무로 만든 필라멘트를 사용해 무려 1,200시간이나 지속되는 ② ⬜⬜ 를 발명해 낼 수 있었다. 이후에도 에디슨은 축음기, 영사기 등 수많은 발명품을 만들었다.

어휘 학습

6 낱말의 알맞은 뜻을 찾아 선으로 이어 보세요.

어휘
복습

(1) 개발 •

(2) 개량 •

(3) 발명 •

• ① 나쁜 점을 보완하여 더 좋게 고침.

• ② 새로운 물건을 만들거나 새로운 생각을 내놓음.

• ③ 아직까지 없던 기술이나 물건을 새로 생각하여 만들어 냄.

7 빈칸에 들어갈 알맞은 낱말을 보기 에서 찾아 문장을 완성해 보세요.

어휘
적용

보기	수명	실험	영감	재생

(1) 건전지의 _____이 벌써 다했다.
　　　└ 물건이 쓰일 수 있는 기간.

(2) 아름다운 음악을 들으니 _____이 샘솟는다.
　　　　　　└ 창조적인 활동과 관련한 기발하고 좋은 생각.

(3) 약의 효과를 증명하기 위해서는 과학적인 _____이 필요하다.
　　　　　　　└ 이론이나 현상을 관찰하고 측정함.

▶ 정답 18쪽

핵심어로 사다리 타기!

🔍 번호 순서대로 사다리를 타고 내려가세요. 설명에 맞는 핵심어이면 O표, 틀린 핵심어
이면 X표에서 다시 사다리를 타서 세 자리 비밀번호를 순서대로 써 주세요.

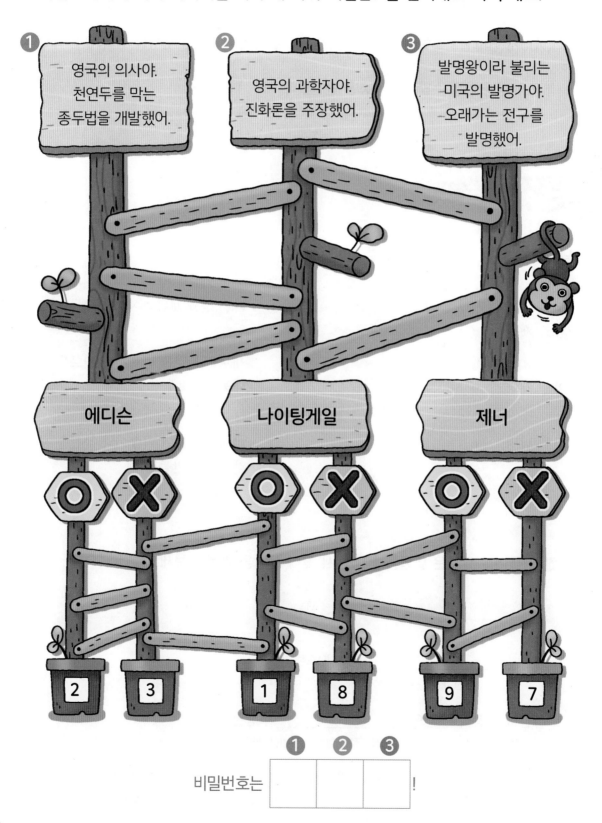

❶ 영국의 의사야.
천연두를 막는
종두법을 개발했어.

❷ 영국의 과학자야.
진화론을 주장했어.

❸ 발명왕이라 불리는
미국의 발명가야.
오래가는 전구를
발명했어.

에디슨

나이팅게일

제너

O　X　　O　X　　O　X

2　3　　1　8　　9　7

비밀번호는 ❶ ❷ ❸ ㅣ ㅣ ㅣ ㅣ !

찾아보기

찾아보기

메모장

용선생과 함께라면 교과서가 달라진다!

용선생 교과서 한국사

교과서가 어렵고 지루하다고요? NO!

용선생 교과서 한국사는

- 역사의 흐름을 이야기로 쉽게 풀이!
- 흥미로운 삽화와 다양한 에피소드로 구성!
- 학교 단원 평가부터 한국사능력시험까지 완벽 대비!
- 다양한 주제의 글쓰기로 역사 논술까지 해결!

글 사회평론 역사연구소 | **그림** 뭉선생 | **캐릭터** 이우일

용선생 교과서 한국사·Q와 함께라면 한국사 만점도 문제없지!

세계 문화로 초등 세계사 기초 다지기!

용선생이 간다

글 사회평론 역사연구소 | **그림** 김지희 외 | **캐릭터** 이우일

전15권

한국사 공부가 처음이라면!

용선생 처음 한국사

글 사회평론 역사연구소 | **그림** 뭉선생, 윤효식 | **캐릭터** 이우일

전2권

세계사 공부가 처음이라면!

용선생 처음 세계사

글 사회평론 역사연구소 | **그림** 뭉선생, 윤효식 | **캐릭터** 이우일

전2권

용선생 15분
세계사 독해
정답과 풀이

인물 이야기
음원 제공

3권

근대 편

초등 독해력을 키우는
세계사 인물 이야기 120!

사회평론

15분 집중의 힘
1등 하는 **공부 습관**

용선생 15분
세계사 독해
정답과 풀이

3권
근대 편

사회평론

01 홍무제, 황제의 권위를 높이다

본문 10~13쪽

독해 학습

1 ③   2 ②, ③

3 (1) X (2) ○ (3) X (4) X   4 ②

5 ① 홍무제 ② 명나라

어휘 학습

6 (1) ② (2) ③ (3) ①

7 (1) 조사 (2) 꼬투리 (3) 비명

독해 학습

1 홍무제는 자신의 말을 조금이라도 어기는 사람들에게는 무거운 벌을 주어서 황제의 권위를 높이려고 했습니다.

2 홍무제는 어렸을 적에는 먹고살기 어려워 구걸을 한 적도 있었지만, 결국 명나라를 세우고 첫 황제가 되었습니다.

오답 피하기

① 홍무제는 가난한 농민 출신입니다.

④ 홍무제는 홍건적의 반란에 병사로 가담하여 공을 세운 끝에 홍건적의 총대장이 되었고, 황제까지 될 수 있었습니다.

3 (1) 홍건적은 머리에 붉은 두건을 둘렀습니다.
(3) 홍무제는 자신의 말을 어기는 신하에게는 무거운 벌을 주었습니다.
(4) 홍무제의 손자는 홍무제를 찾아와 사람을 그만 처벌하라며 간청했습니다.

4 몽둥이에 박힌 가시를 모두 없애야 몽둥이를 잡을 수 있듯이, 홍무제는 황제의 권위에 도전하는 사람들을 모두 없애야 황제가 나라를 잘 다스릴 수 있다고 생각했습니다.

5 가난한 농민 출신으로 명나라의 첫 황제가 된 ① 홍무제는 다른 사람들이 황제의 권위를 넘볼까 봐 걱정했습니다. 그래서 홍무제는 자신에게 도전하는 신하들을 모두 없애 황제의 권위를 높였고, ② 명나라를 잘 다스릴 수 있었습니다.

02 정화, 아프리카까지 항해하다

본문 14~17쪽

독해 학습

1 ④   2 ①

3 ④   4 ②

5 ① 정화 ② 명나라

어휘 학습

6 (1) ② (2) ① (3) ③   7 (1) 항해 (2) 위엄

독해 학습

1 이 글은 항해를 통해 세계 곳곳에 명나라의 이름을 알린 정화의 이야기를 담고 있습니다.

2 명나라의 신하였던 정화는 황제의 명령을 받고 항해를 떠났습니다. 정화는 항해 중 동남아시아의 왕들을 만나 조공을 받기도 했습니다.

오답 피하기

② 정화는 이슬람교를 믿는 집안에서 태어났습니다.

③ 정화는 동남아시아, 인도, 아프리카를 돌며 명나라 황제의 위엄을 전하였습니다.

① 메카에 다녀온 것은 정화의 아버지입니다.

3 정화의 함대는 서쪽으로 점점 더 먼 곳까지 나아간 끝에 아프리카까지 도착했습니다.

4 정화는 중국에서 출발하여 동남아시아를 거쳐 인도로 항해했고, 아프리카에도 도착했습니다. 하지만 유럽까지 항해하지는 않았습니다.

5 ① 정화는 황제의 명령을 받고 ② 명나라의 위엄을 널리 알리기 위해 항해를 떠났습니다. 정화는 동남아시아, 인도, 아프리카 등으로 모두 일곱 차례 항해하며 명나라를 널리 알렸고, 명나라 사람들에게 바다 밖 세상에 대해 알려주었습니다.

03 도요토미 히데요시, 임진왜란을 일으키다

본문 18~21쪽

독해 학습

1 도요토미 히데요시   2 ①

3 ④   4 ④

5 ① 일본 ② 임진왜란

어휘 학습

6 (1) ② (2) ① (3) ③   7 ③

독해 학습

1 이 글은 도요토미 히데요시가 일본의 최고 권력자가 된 후 임진왜란을 일으켜 조선을 침략하는 과정을 담고 있습니다.

2 도요토미 히데요시는 임진왜란을 일으켰지만 승리하지 못했고, 명나라 정복에도 실패했습니다.

3 도요토미 히데요시는 중국을 침략하기 전에 조선부터 차지할 생각이었습니다. 그래서 임진왜란을 일으켜서 조선을 침략했습니다.

4 도요토미 히데요시가 병으로 세상을 떠나자 일본군은 모두 조선을 떠났고, 임진왜란은 조선의 승리로 끝났습니다.

5 도요토미 히데요시는 무사들과의 치열한 전쟁에서 승리하여 ① 일본 최고의 권력자가 되었습니다. 도요토미 히데요시는 ② 임진왜란을 일으켜 조선을 공격하였지만, 조선은 끝까지 일본군에 맞서 싸워 승리를 거두었습니다.

어휘 학습

7 '사실을 감추거나 피하려고 다른 일을 내세움'이란 뜻을 가진 낱말은 '핑계'입니다.

04 도쿠가와 이에야스, 일본을 한 손에 거머쥐다

본문 22~25쪽

독해 학습

1 세키가하라 전투, 일본   2 ③

3 ③   4 ③

5 ① 도쿠가와 이에야스 ② 에도 막부

어휘 학습

6 (1) ① (2) ③ (3) ②   7 (1) 야심 (2) 통치 (3) 길목

독해 학습

1 도쿠가와 이에야스는 세키가하라 전투에서 승리하여 일본의 권력을 한 손에 쥐었습니다.

2 도쿠가와 이에야스는 자신의 근거지였던 에도에 새로운 정부를 세우고 일본을 통치했습니다.

오답 피하기

① 도쿠가와 이에야스는 도요토미 히데요시의 부하였습니다.

② 도쿠가와 이에야스는 임진왜란에 참여하지 않아서 강력한 군대를 가지고 있었습니다.

④ 도쿠가와 이에야스는 도요토미 히데요시가 죽고 난 후 전쟁을 일으켜 일본의 권력을 잡았습니다.

3 세키가하라 전투는 도요토미 히데요시의 옛 부하들과 도쿠가와 이에야스 세력이 펼친 전투입니다.

4 에도 막부 시대에는 긴 평화가 이어졌고, 교역으로 부자가 된 상인도 많아졌습니다. 상인들이 예술에 돈을 아낌없이 쓰며 예술도 많이 발전했습니다.

오답 피하기

① 에도 막부 시대에 일본의 인구는 크게 늘었습니다.

② 에도 막부 시대에 전쟁은 멈추고 긴 평화가 찾아왔습니다.

④ 에도 막부 시대가 시작되며 도쿠가와 이에야스에게 충성하는 무사들만이 살아남을 수 있었습니다.

5 도요토미 히데요시의 부하였던 ① 도쿠가와 이에야스는 세키가하라 전투에서 승리한 후 ② 에도 막부를 세우고 일본을 통치하게 되었습니다.

2주

05 누르하치, 여진족을 하나로 뭉치다

본문 26~29쪽

독해 학습

1 여진족, 명나라
2 ②
3 ④
4 만주
5 ① 누르하치 ② 청나라

어휘 학습

6 (1) ① (2) ③ (3) ②
7 (1) ② (2) ①

독해 학습

1 누르하치가 여진족을 하나로 통일하고 명나라 군대를 물리치는 내용의 글입니다.

2 누르하치는 여진족을 물리치기 위해 명나라가 보낸 군대를 크게 무찌르고 승리를 거두었습니다.

오답 피하기

① ③ ④ 청나라를 세운 것, 여진족의 이름을 만주족으로 고친 것, 자신의 아버지를 청나라의 첫 황제로 모신 것은 누르하치의 아들이 한 일입니다.

3 누르하치는 네 방향으로 흩어진 명나라 군대를 하나씩 공격하면 이길 수 있다고 생각했습니다.

4 지도에서 표시하고 있는 지역은 만주입니다. 한반도의 북쪽, 중국의 동북쪽에 있는 지역으로, 누르하치가 하나로 통일한 여진족의 고향입니다.

5 여진족의 지도자인 ① 누르하치는 여럿으로 흩어져 있던 여진족을 하나로 통일했습니다. 누르하치의 여진족은 자신들을 물리치러 온 명나라 군대를 크게 무찌르고, 얼마 뒤 ② 청나라를 세워 중국 전체를 지배하게 되었습니다. 누르하치의 아들은 누르하치를 청나라의 첫 번째 황제로 모셨습니다.

어휘 학습

7 (1) 여기서 '지원'은 동아리에 뜻을 두어 한 구성원이 되기를 바란다는 뜻으로 쓰였습니다.
(2) 여기서 '지원'은 부모님이 가수가 되겠다는 나의 꿈을 지지하여 돕는다는 뜻으로 쓰였습니다.

06 강희제, 청나라의 전성기를 열다

본문 32~35쪽

독해 학습

1 ④
2 ②, ④
3 ①
4 ④
5 ① 강희제 ② 삼번의 난

어휘 학습

6 (1) ① (2) ② (3) ③
7 (1) 씀씀이 (2) 기고만장

독해 학습

1 청나라의 네 번째 황제인 강희제가 여러 어려움을 극복하고 청나라를 크게 발전시키는 내용을 담은 글입니다.

2 강희제는 열여섯 살이 되자마자 직접 나랏일을 맡아보기 시작했고, 중국 남부를 다스리던 세 개의 번을 없애려고 했습니다.

오답 피하기

① 강희제는 일곱 살 어린 나이에 황제가 됐습니다.
③ 강희제가 어린 시절, 황제 대신 나랏일을 맡아보던 신하들이 백성들의 땅을 빼앗기도 했습니다.

3 강희제는 백성이 어렵다면서 궁궐의 씀씀이를 줄이고 백성의 부담을 덜어주려 했습니다.

4 번을 없애겠다는 선언에 세 번의 왕 중 가장 힘이 강력했던 오삼계가 앞장서서 반란을 일으켰습니다. 그러자 다른 두 번의 왕도 잇따라 반란에 참여했습니다.

5 ① 강희제는 어렸을 때 청나라 황제에 즉위했습니다. 신하들은 황제를 얕잡아보고 나라를 마음대로 주물렀습니다. 강희제는 열여섯 살이 된 후 나라에 해를 끼친 신하들을 처형했습니다. 그 후에는 ② 삼번의 난을 진압해 중국 전체를 다스리게 되었습니다. 강희제는 나라를 잘 다스려서 청나라의 전성기를 열었습니다.

07 샤 자한, 황후를 위해 타지마할을 짓다

본문 36~39쪽

독해 학습

1 ②, ③   2 ④

3 ④   4 ②

5 ① 샤 자한   ② 타지마할

어휘 학습

6 (1) ② (2) ③ (3) ①   7 (1) 애절하다 (2) 먼발치

독해 학습

1 이 글은 무굴 제국의 황제 샤 자한이 죽은 황후를 위해 아름다운 무덤 타지마할을 만드는 과정을 다루고 있습니다.

2 무굴 제국의 황제인 샤 자한의 황후는 아이를 낳은 뒤 앓아 누웠고, 결국 세상을 떠나고 말았습니다.

3 황태자가 아버지 샤 자한을 내쫓고 궁궐에 가두어 버린 이유는, 샤 자한이 타지마할을 지으려고 나랏돈을 아낌없이 탕진하고 백성 수만 명을 공사에 동원하는 등 나랏일은 뒷전이고 황후만을 그리워했기 때문입니다.

4 이 사진은 타지마할의 모습입니다. 타지마할은 샤 자한이 죽은 황후를 위해서 지은 무덤입니다.

5 무굴 제국의 황제 ① 샤 자한은 사랑하는 황후가 죽자 슬픔에 빠졌습니다. 그래서 황후의 무덤인 ② 타지마할을 짓기로 했습니다. 아름답고 화려한 무덤을 짓느라 엄청난 나랏돈과 사람이 동원됐고, 백성들의 불만이 커졌습니다. 샤 자한이 나랏일을 돌보지 않고 황후만 그리워하자, 화가 난 아들이 아버지를 황제 자리에서 내쫓았습니다.

08 메흐메트 2세, 콘스탄티노폴리스를 함락하다

본문 40~43쪽

독해 학습

1 ③   2 (1) ○ (2) X (3) ○ (4) ○

3 ④   4 ①

5 ① 메흐메트 2세   ② 콘스탄티노폴리스

어휘 학습

6 (1) ② (2) ① (3) ③   7 난공불락

독해 학습

1 오스만 제국의 술탄 메흐메트 2세가 콘스탄티노폴리스를 공격하여 무너뜨리는 과정을 담고 있는 글입니다.

2 (2) 메흐메트 2세는 단단한 성벽을 무너뜨리고 콘스탄티노폴리스를 정복한 사람입니다.

3 메흐메트 2세는 콘스탄티노폴리스의 단단한 성벽을 뚫기 위해 부하들에게 여러 의견을 들었고, 커다란 대포와 같은 강력한 무기를 사용해 성벽을 무너뜨렸습니다.

4 콘스탄티노폴리스를 둘러싸고 있는 성벽의 모습입니다. 천 년 동안 수많은 침략자의 공격을 받았지만, 성벽이 칼과 창으로 쉽게 뚫리지 않았기 때문에 어떤 침략자도 이 성벽을 넘지는 못했습니다.

5 ① 메흐메트 2세는 유럽에서 가장 큰 도시였던 ② 콘스탄티노폴리스를 정복해 오스만 제국을 지중해 최고의 나라로 만들려고 했습니다. 그래서 커다란 대포와 근대를 동원해 성벽을 공격했고, 도시를 함락시키는 데 성공했습니다.

어휘 학습

7 '난공불락'은 공격하기 어렵고, 무너뜨리기 어려운 상대를 뜻합니다. 이 대화에서 하다가 게임에서 만난 적을 표현하기에 알맞은 말입니다.

09 해적 하이레딘, 지중해를 주름잡다

본문 44~47쪽

독해 학습

1 ③　　　　　　2 ③

3 ③　　　　　　4 ③

5 ① 하이레딘　② 오스만 제국

어휘 학습

6 (1) ②　(2) ①　(3) ③　　7 (1) 악랄　(2) 삽시간

독해 학습

1 이 글은 지중해에서 오스만 제국 함대를 이끌고 크게 승리를 거둔 하이레딘에 대해 다루고 있습니다.

2 하이레딘은 오스만 제국의 황제 술레이만 1세의 인정을 받아 오스만 제국의 해군 사령관이 되었습니다.

3 하이레딘이 이끄는 오스만 제국 함대는 유럽 연합군을 상대로 크게 승리했습니다. 하이레딘은 포로로 잡혀가지 않았습니다.

4 술레이만 1세는 나라에 도움이 될 사람이라면 누구든 가까이 두며 도움을 받는 사람이었습니다. 그래서 하이레딘이 해적이지만 바다에서 싸우는 데에는 최고의 실력을 가졌다는 것을 알고, 오스만 제국의 해군 사령관 자리를 맡겼습니다.

5 ① 하이레딘은 원래 바다에서 도적질을 일삼는 해적이었지만, 술탄의 인정을 받아서 ② 오스만 제국의 해군 사령관이 되었습니다. 하이레딘이 지휘하는 함대는 지중해에서 유럽 연합군을 크게 물리쳤습니다.

10 세상이 놀란 천재 예술가, 다빈치

본문 48~51쪽

독해 학습

1 다빈치　　　　2 ①, ③, ④

3 ②　　　　　　4 ②

5 ① 르네상스　② 최후의 만찬

어휘 학습

6 (1) ②　(2) ①　(3) ③　　7 (1) 묘사　(2) 연신　(3) 만찬

독해 학습

1 르네상스 시대 천재 발명가이자 예술가였던 레오나르도 다빈치에 대해서 다루고 있는 글입니다.

2 다빈치는 이탈리아 사람으로, 수많은 명작을 남긴 화가이자 발명가이기도 합니다. 다빈치는 오늘날의 비행기나 탱크와 비슷한 기계도 생각해 냈습니다.

오답 피하기

② 다빈치는 예수의 제자가 아니라, 예수의 제자가 등장하는 〈최후의 만찬〉을 그렸습니다.

3 〈최후의 만찬〉은 다빈치가 그린 작품입니다. 이 그림에서 다빈치는 멀리 있는 배경은 흐릿하게 그리고, 가까이 있는 사람은 크고 선명하게 그려서 그림을 사실적으로 표현하려고 했습니다.

4 선생님은 다빈치의 또 다른 명작인 〈모나리자〉에 쓰인 새로운 그림 기법에 대해 설명하고 있습니다. 다빈치는 이처럼 작품마다 새로운 그림 기법을 사용했던 사람이라는 점을 확인할 수 있습니다.

5 레오나르도 다빈치는 이탈리아 사람입니다. 유럽의 ① 르네상스 시대를 대표하는 예술가로, 자연 현상을 관찰해 기발한 생각을 해내고 새로운 그림 기법을 만들어 많은 명작을 남긴 화가이기도 합니다. 대표작으로는 예수와 열두 제자의 모습을 그린 〈② 최후의 만찬〉이 있습니다.

11 미켈란젤로, 위대한 예술가로 우뚝 서다

본문 54~57쪽

독해 학습

1 ①　　　　2 ①, ②

3 ②　　　　4 ②

5 ① 미켈란젤로　② 피에타

어휘 학습

6 (1) ① (2) ③ (3) ②

7 (1) 설계　(2) 의뢰　(3) 채석장

독해 학습

1 유명한 조각가였던 미켈란젤로가 깨달음을 얻고 르네상스를 대표하는 예술가로 거듭나는 사건을 다룬 글입니다.

2 미켈란젤로는 뛰어난 조각가로 유명했지만, 조각뿐 아니라 그림과 건축 설계 등 다양한 분야에서 활약했습니다.

오답 피하기

③ 미켈란젤로는 황제가 아니라 한 추기경의 의뢰를 받고 〈피에타〉를 만들었습니다.

④ 미켈란젤로는 〈피에타〉에 자신의 이름을 새겨 이름을 알리려고 했지만, 곧 깨달음을 얻고 이름을 알리기보다는 훌륭한 작품을 만들어내는 데에 더 많은 힘을 쏟았습니다.

3 〈피에타〉는 그림이 아니라 죽은 예수를 안고 슬퍼하는 성모 마리아의 모습을 조각한 조각상입니다. 〈피에타〉를 만들 때에는 물감을 사용하지 않았습니다.

4 미켈란젤로는 자신이 〈피에타〉를 만들었다는 것을 사람들이 모르자 억울하고 자존심이 상했습니다. 그래서 밤중에 몰래 조각상을 찾아가 자신의 이름을 새겨 놓았습니다.

5 유명한 조각가였던 ① 미켈란젤로는 죽은 예수를 안고 슬퍼하는 성모 마리아를 조각한 〈② 피에타〉라는 작품을 완성하여 사람들의 감탄을 자아냈습니다.

12 루터, 부패한 교회에 맞서다

본문 58~61쪽

독해 학습

1 ④　　　　2 ①, ②

3 ④　　　　4 ④

5 ① 종교 개혁　② 루터

어휘 학습

6 (1) ① (2) ② (3) ③　　7 조목조목

독해 학습

1 독일의 성직자 마르틴 루터가 교회의 면벌부 판매를 비판하면서 시작된 종교 개혁에 대해 다루고 있습니다.

2 마르틴 루터는 독일 출신의 성직자였고, 면벌부를 파는 교회를 비판하였습니다.

오답 피하기

③ 면벌부를 팔아서 번 돈으로 세상에서 가장 큰 성당을 지으려고 했던 것은 교황입니다.

④ 루터는 종교 개혁을 이끌었지만 교황이 되지는 않았습니다.

3 〈95개조 반박문〉은 루터가 읽은 글이 아니라, 루터가 교회의 면벌부 판매를 비판하기 위해서 직접 지은 글입니다.

4 루터가 〈95개조 반박문〉을 교회의 대문에 붙이면서 교회를 비판하는 모습입니다. 이 사건 이후 유럽은 종교 개혁의 물결에 휘말려 종교 개혁에 찬성하는 사람, 반대하는 사람이 나뉘어서 격렬하게 전쟁을 벌이기도 했습니다.

5 유럽은 ① 종교 개혁이 시작되면서 크게 바뀌었습니다. 1500년대 유럽의 가톨릭교회는 지옥에서 벌을 받지 않도록 해 준다는 '면벌부'를 팔면서 돈벌이에만 눈이 벌게 있었습니다. 독일의 성직자 마르틴 ② 루터는 교회를 비판하며 종교 개혁을 이끌었고, 그 결과 크리스트교의 한 갈래인 개신교가 탄생했습니다. 또 유럽은 종교 개혁에 찬성하는 사람과 반대하는 사람으로 나뉘어 큰 전쟁을 겪습니다. 하지만 종교 개혁의 역향으로 유럽에는 새로운 사상이 등장하고 과학도 발전하였습니다.

어휘 학습

7 '조목조목'은 '각각의 항목마다 모두 다'라는 뜻입니다. 수재는 선생님의 수업을 들으면 배울 내용이 항목마다 모두 다 이해가 된다는 뜻으로 이야기하고 있습니다.

13 갈릴레이, 지동설을 주장하다

본문 62~65쪽

독해 학습

1 ①, ③   **2** ①

3 (1) X (2) ○ (3) X   **4** ④

5 ① 천동설 ② 갈릴레이 ③ 지동설

어휘 학습

6 (1) ③ (2) ① (3) ②

7 (1) 증명 (2) 의견 (3) 순식간

독해 학습

1 갈릴레이는 지구가 태양 주위를 돈다는 '지동설'을 주장 했습니다.

2 갈릴레이는 이탈리아 출신의 과학자입니다. 갈릴레이는 종교 개혁을 이끌지 않았습니다.

3 (1) 교회의 신부님들도 대부분 천동설이 옳다고 가르쳤습 니다.
(3) 갈릴레이는 대학에서 수학과 천문학을 가르쳤습니다.

4 갈릴레이는 종교 재판에서 자신의 주장을 뒤집고 천동 설이 옳다고 인정해서 목숨을 건졌습니다.

5 옛날 유럽 사람들은 태양이 지구 주위를 돈다고 생각했 습니다. 이런 생각을 ① 천동설이라고 부릅니다. 하지만 이탈리아의 유명한 과학자였던 ② 갈릴레이는 연구 끝 에 지구가 태양 주위를 돈다고 주장했습니다. 이 주장은 교회의 가르침에 반대되었기 때문에, 갈릴레이는 종교 재판에 서게 됩니다. 재판에서 교회는 갈릴레이를 거세 게 몰아붙였고, 갈릴레이는 자신의 주장을 뒤집고 ③ 지 동설을 포기했습니다.

14 콜럼버스, 아메리카 대륙에 도착하다

본문 66~69쪽

독해 학습

1 ③   **2** ①, ②

3 ④   **4** ④→③→②→①

5 ① 콜럼버스 ② 아메리카 ③ 신항로 개척

어휘 학습

6 (1) ① (2) ② (3) ③   **7** (1) 미지 (2) 수평선

독해 학습

1 이 글은 유럽에서 아메리카 대륙을 가는 항로를 개척한 탐험가 콜럼버스에 대해 다루고 있습니다.

2 콜럼버스는 이탈리아 출신의 탐험가였고, 지구는 둥글 다고 생각했습니다.

오답 피하기
③ 콜럼버스는 대서양을 건너 도착한 대륙은 아메리카 대륙이었습니다.
④ 콜럼버스는 아메리카 대륙으로 여러 차례 항해했지 만 황금을 찾아내지 못했습니다.

3 콜럼버스가 항해에 성공한 후 유럽인들은 지구 곳곳으 로 통하는 신항로를 개척하게 됩니다.

오답 피하기
① 콜럼버스는 배를 타고 아메리카 대륙으로 향하는 항 로를 개척했습니다.
② 유럽의 왕과 귀족들은 대부분 콜럼버스의 생각이 말 도 안 된다고 생각했습니다.
③ 이사벨 여왕은 아시아로 갈 길을 찾고 있었습니다.

4 콜럼버스는 ④ 연구를 거듭하여 아시아로 가는 길을 알 아냈습니다. 그리고 ③ 이사벨 여왕의 도움을 얻어 항해 준비를 마친 후, 두 달 동안의 ② 긴 항해 끝에 육지를 발견하고 ① 아메리카 대륙에 도착하게 됩니다.

5 이탈리아의 탐험가 ① 콜럼버스는 아시아에 황금이 가 득하다고 믿었습니다. 그래서 연구를 거듭한 끝에 아시 아로 가는 새로운 길을 알아냈다고 생각했고, 에스파냐 이사벨 여왕의 도움을 받아 항해를 두 달 만에 육지에 도착합니다. 그러나 이곳은 아시아가 아니라 새로운 대 륙 ② 아메리카였습니다. 콜럼버스의 항해 이후 유럽에 는 본격적인 ③ 신항로 개척이 시작됩니다.

15 마젤란, 세계 일주 항해에 나서다

본문 70~73쪽

독해 학습

1 마젤란   2 ④

3 태평양   4 ②

5 ① 아메리카 ② 마젤란 해협

어휘 학습

6 (1) ① (2) ② (3) ③   7 ④

독해 학습

1 세계 최초로 세계 일주 항해에 나섰던 탐험가 마젤란에 대해서 다루고 있는 글입니다.

2 마젤란은 세계 최초로 세계 일주 항해에 나섰지만, 유럽으로 돌아오지 못하고 필리핀에서 원주민의 다툼에 휘말려 죽었습니다.

3 마젤란 일행이 마젤란 해협을 거쳐 도착한 바다는 '태평양'입니다. 태평양은 아메리카 대륙 서쪽에 있는 큰 바다로, 그 이름은 고요한 바다라는 뜻입니다.

4 마젤란은 아메리카 대륙의 남쪽 끝까지 열 달 동안 항해했습니다. 남쪽으로 갈수록 남극이 가까워지며 날씨가 점점 추워졌습니다.

5 포르투갈의 항해사 마젤란은 콜럼버스처럼 서쪽으로 항해하여 아시아로 갈 수 있다고 생각했습니다. 그래서 ① 아메리카 대륙을 돌아서 아시아로 항해할 계획을 세웠습니다. 마젤란은 긴 항해 끝에 아메리카 대륙의 남쪽에서 서쪽으로 빠져나가는 험한 물길을 거쳐 태평양에 도착했습니다. 이 물길에는 ② 마젤란 해협이란 이름이 붙었습니다. 마젤란은 비록 세계 일주에 성공하지는 못했지만, 그의 부하들은 항해를 이어 나가 유럽으로 돌아왔습니다.

어휘 학습

7 '조용하고 잠잠한 상태'라는 뜻을 가진 낱말은 '고요'입니다.

---

16 코르테스, 아스테카 제국을 무너뜨리다

본문 76~79쪽

독해 학습

1 아스테카   2 (1) ○ (2) X (3) X (4) ○

3 ③, ④   4 ③

5 ① 코르테스 ② 에스파냐

어휘 학습

6 (1) ③ (2) ① (3) ②   7 ③

독해 학습

1 이 글은 아메리카 원주민의 아스테카 제국을 무너뜨린 탐험가 코르테스에 대해 다루고 있습니다.

2 (2) 코르테스는 아메리카 어딘가에 있다는 황금의 제국을 찾겠다는 꿈을 갖고 있었습니다.
(3) 코르테스는 아스테카에 천연두가 퍼지는 것을 기회 삼아 아스테카를 공격해 정복했습니다.

3 아스테카 제국은 아메리카 원주민들이 세운 나라로, 원주민 수백만 명이 살았고 수도는 테노치티틀란이었습니다.

오답 피하기

① 아스테카에는 총과 대포 같은 무기가 없었습니다.
② 아스테카는 정교한 달력을 만들고 큰 신전을 지을 정도로 문명이 발달한 나라였습니다.

4 원주민들의 도시 테노치티틀란을 공격하고 있는 코르테스의 모습입니다. 코르테스가 승리하여 아스테카 제국은 멸망하게 됩니다.

5 탐험가 ① 코르테스는 원주민들의 아스테카 제국을 무너뜨렸습니다. 오늘날 멕시코 지역에 위치한 아스테카 제국은 화려한 도시와 발전된 문명을 가지고 있는 나라였지만, 코르테스에게 패배한 뒤 ② 에스파냐의 식민지가 되어 300년 넘게 지배를 받았습니다.

어휘 학습

7 '속수무책'은 불이 났는데 끌 방법이 없는 상황처럼 어쩔 도리가 없어서 꼼짝할 수 없는 상황에 사용하는 사자성어입니다.

17 헨리 8세, 아내와 헤어지려고 나라의 종교를 바꾸다

본문 80~83쪽

독해 학습

1 ③   **2** ④

3 (1) X (2) ○ (3) X (4) X **4** ①→④→③→②

5 성공회

어휘 학습

6 (1) ① (2) ② (3) ③

7 (1) 직성 (2) 성스럽다 (3) 청천벽력

독해 학습

1 아내와 헤어지기 위해서 가톨릭교회와 갈라서고 새로운 교회를 세웠던 헨리 8세에 대해 다루고 있는 글입니다.

2 헨리 8세는 왕비 캐서린이 왕위를 이을 아들을 낳지 못하자 헤어지려고 했습니다.

3 (1) 헨리 9세는 캐서린 왕비를 쫓아낸 후 즉시 다른 왕비와 결혼했습니다.
(3) 교황은 헨리 8세에게 무척 화가 났지만, 헨리 8세를 혼내줄 뾰족한 방법은 없었습니다.
(4) 헨리 8세는 캐서린 왕비 탓에 아들을 낳지 못하는 거라고 생각했습니다.

4 ① 캐서린 왕비가 왕자를 낳지 못하자, ④ 헨리 8세는 교황에게 캐서린 왕비와 헤어지게 해 달라고 부탁합니다. 하지만 거절당하고 난 뒤 ③ 앞으로는 교황 대신 국왕의 말을 따르라고 명령하며 영국의 새로운 교회인 성공회를 만듭니다. 헨리 8세는 ② 캐서린 왕비를 쫓아낸 후 새 왕비와 결혼을 했습니다.

5 헨리 8세는 국왕의 명령을 받는 영국의 새 교회인 '성공회'를 세워 가톨릭교회와 갈라섰습니다.

18 엘리자베스 1세, 에스파냐와 한판 승부를 벌이다

본문 84~87쪽

독해 학습

1 ③   **2** ①, ④

3 ③   **4** ②

5 ① 엘리자베스 ② 에스파냐

어휘 학습

6 (1) ② (2) ③ (3) ①   **7** (1) 습격 (2) 손해

독해 학습

1 이 글은 영국을 강국으로 발돋움시켜 많은 사람의 존경을 받은 엘리자베스 1세에 대해서 다루고 있습니다.

2 엘리자베스 1세는 영국의 왕으로, 해적 드레이크를 시켜서 에스파냐의 보물을 빼앗았습니다.

오답 피하기

② 엘리자베스 1세는 영국 해군을 직접 이끌지 않았습니다. 영국 해군을 지휘한 것은 드레이크입니다.
③ 엘리자베스 1세는 에스파냐의 침략을 막아냈지만, 에스파냐를 식민지로 만들지 않았습니다.

3 엘리자베스 1세는 스물다섯 살 젊은 나이에 즉위한 여왕입니다. 신하들이 불안해하며 좋은 남편감을 찾으려고 하자, 엘리자베스 1세는 남편 없이 영국을 다스리는 데 평생을 바치겠다는 뜻으로 영국과 결혼했다고 이야기합니다.

4 영국 함대가 에스파냐의 함대를 무찌르는 장면입니다. 이 사건 이후 영국은 유럽의 바다를 주름잡는 강국이 되었고, 드넓은 바다를 누비며 무역으로 큰돈을 벌어들였습니다.

5 ① 엘리자베스 1세는 영국의 여왕입니다. 당시 유럽 최고의 부자 나라는 에스파냐였습니다. 엘리자베스 1세는 해적 대장 드레이크에게 ② 에스파냐의 보물선을 약탈하도록 했습니다. 이에 화가 난 에스파냐가 많은 함대를 보내 영국을 공격했지만, 영국 해군은 에스파냐를 무찔렀습니다. 이후 영국은 유럽의 바다를 주름잡는 강국이 되었습니다.

19 루이 14세, 절대 왕권을 누리다

본문 88~91쪽

독해 학습

1 절대 왕권　　　　　　2 ②

3 ①　　　　　　　　　4 ③

5 ① 루이　② 베르사유

어휘 학습

6 (1) ②　(2) ③　(3) ①　　7 노심초사

독해 학습

1 나라를 쥐락펴락하며 절대 왕권을 누렸던 루이 14세에 대해 다루고 있는 글입니다.

2 루이 14세는 유럽에서 가장 화려한 베르사유 궁전을 지었습니다.

오답 피하기

① 루이 14세는 프랑스의 국왕입니다.

③ 루이 14세는 베르사유 궁전에서 귀족들과 함께 연회를 즐겼습니다.

④ 루이 14세는 귀족들을 자기 맘대로 쥐락펴락했고, 신하들은 매일 노심초사했습니다.

3 프랑스의 귀족들은 무슨 역할이든 맡아서 루이 14세 곁에 가려고 했습니다. 그래서 왕과 변기를 치우는 사람도 귀족들 가운데 모두 미리 정해져 있었습니다.

4 이 사진은 베르사유 궁전에 있는 '거울의 방'의 모습입니다. '거울의 방'은 왕과 귀족들이 나랏일을 의논하던 곳이 아니라, 귀족들의 연회가 열리는 장소였습니다.

5 오늘 다룬 인물은 ① 루이 14세입니다. 루이 14세는 프랑스의 국왕으로, 화려한 ② 베르사유 궁전을 지어 귀족들과 호화로운 일상을 보낸 인물입니다. 루이 14세는 절대 왕권을 휘두르며 귀족들을 자기 맘대로 휘둘렀습니다.

어휘 학습

7 '노심초사'는 몹시 마음을 쓰며 걱정하고 애를 태운다는 뜻입니다. 이 글의 용선생처럼 어떤 결과를 매우 걱정하며 기다렸던 상황에서 쓸 수 있습니다.

20 표트르 1세, 유럽으로 향하는 문을 열다

본문 92~95쪽

독해 학습

1 표트르 1세　　　　　2 ②

3 ①　　　　　　　　　4 ④

5 상트페테르부르크

어휘 학습

6 (1) ③　(2) ②　(3) ①　　7 ④

독해 학습

1 이 글은 러시아의 황제 표트르 1세가 러시아의 발전을 위해 상트페테르부르크를 건설하는 이야기를 다룬 글입니다.

2 표트르 1세는 외국과 교류해 서유럽의 앞선 문물을 배워오려 노력한 인물입니다.

3 밑줄 친 '이곳'은 '상트페테르부르크'입니다. 상트페테르부르크는 오늘날 러시아에서 두 번째로 큰 도시로, 수도가 아닙니다. 현재 러시아의 수도는 모스크바입니다.

4 상트페테르부르크는 표트르 1세가 러시아와 서유럽 사이의 교류를 쉽게 하려고 건설한 도시입니다. 이 도시에는 사진 속 '여름 궁전'과 같이 서유럽을 모방해서 만들어진 건물들이 많습니다. 그 이유는 표트르 1세가 이 도시를 통해 서유럽 문화를 적극적으로 받아들였기 때문입니다.

5 표트르 1세는 러시아의 발전을 위해 러시아에 외국과 교류할 수 있는 항구 도시를 건설하려고 하였습니다. 그런데 표트르 1세가 선택한 곳은 홍수도 잦고, 모기떼가 득시글거리는 바닷가였습니다. 수많은 농민이 공사에 동원돼 고생한 끝에 오늘날 러시아 제2의 도시 상트페테르부르크가 건설되었습니다.

21 남편을 내쫓고 황제가 된 예카테리나 2세

본문 98~101쪽

독해 학습

1 ④
2 ①, ③, ④
3 ④
4 ③
5 ① 예카테리나 ② 러시아

어휘 학습

6 (1) ② (2) ③ (3) ①
7 요지부동

독해 학습

1 무능한 남편을 쫓아내고 러시아의 황제가 되어 러시아를 다스린 예카테리나 2세에 대해 다루고 있는 글입니다.

2 예카테리나 2세는 독일에서 러시아로 시집온 러시아의 황후로, 무능한 황제 표트르 3세를 쫓아내고 신하들의 지지를 받아 러시아의 황제가 되었습니다.

오답 피하기
② 독일과의 전쟁에 반대한 것은 표트르 3세입니다.

3 예카테리나 2세가 남편 표트르 3세를 내쫓고 황제 자리에 오르는 모습을 표현한 그림입니다. 이후 표트르 3세가 황제 자리를 되찾으려고 반란을 일으키는 일은 없었습니다.

4 표트르 3세는 예카테리나 2세에게 스스로 황제 자리를 넘겨준 것이 아니라, 황제 자리에서 쫓겨났습니다.

5 러시아의 황제 표트르 3세는 황태자 시절부터 평판이 좋지 않았습니다. 반면 그의 아내인 ① 예카테리나 황후는 현명하고 예의 바른 인물이었습니다. 표트르 3세가 황제가 된 후로 다 이긴 전쟁을 포기하며 황당한 행동을 하자, 화가 난 신하들은 표트르 3세를 몰아내고 예카테리나를 ② 러시아의 새로운 황제로 모셨습니다. 예카테리나 2세가 나라를 잘 다스린 덕에 러시아는 크게 성장했습니다.

어휘 학습

7 '요지부동'은 생각이나 믿음이 변치 않고 확고한 경우에 사용하는 사자성어입니다. 비가 와도, 선생님이 말려도 꼭 축구를 하겠다는 하다의 마음을 표현하기에 알맞은 말입니다.

22 조지 워싱턴, 미국의 독립을 이끌다

본문 102~105쪽

독해 학습

1 ③
2 ①, ③, ④
3 ③
4 ④
5 ① 독립 ② 조지 워싱턴

어휘 학습

6 (1) ② (2) ③ (3) ①
7 (1) 매섭다 (2) 선출 (3) 투표

독해 학습

1 이 글은 미국의 독립 전쟁을 이끌어 승리를 거둔 조지 워싱턴에 대해 다루고 있습니다.

2 조지 워싱턴은 농민이 아니라 경험 많은 군인 출신으로, 영국군과 함께 싸운 적도 있습니다. 미국이 독립한 후에는 첫 대통령으로 선출되었습니다.

3 미국 독립 전쟁이 시작된 후 전쟁 초반에는 미국이 영국을 상대로 6개월째 패배만 했습니다.

4 조지 워싱턴이 작전 계획 중에 영국 땅을 정복하는 내용은 없었습니다.

5 북아메리카의 영국 식민지 사람들이 독립을 선언해 미국이 탄생하지만, 영국이 이를 막으려고 하면서 ① 독립 전쟁이 시작됐습니다. 미국 사람들은 전쟁 경험이 없어서 전쟁 초반에는 패배하기 일쑤였습니다. 하지만 총사령관이었던 ② 조지 워싱턴의 뛰어난 전략 덕분에 독립 전쟁에서 승리하여 독립을 이뤄낼 수 있었습니다.

23 마리 앙투아네트, 프랑스 혁명으로 몰락하다

본문 106~109쪽

독해 학습

1 프랑스 혁명　　　　　　2 ①

3 ③　　　　　　　　　　4 ③

5 ① 마리 앙투아네트　② 프랑스 혁명

어휘 학습

6 (1) ② (2) ① (3) ③　　7 철천지원수

독해 학습

1 프랑스의 왕비 마리 앙투아네트의 몰락에 대해 다루고 있는 글입니다. 마리 앙투아네트는 프랑스 혁명으로 죽음을 맞이했습니다.

2 마리 앙투아네트는 프랑스 혁명이 일어나자 프랑스 시민들에게 붙잡혀 재판을 받고 사형당했습니다.

3 마리 앙투아네트는 화려한 연회를 여는 등 사치를 벌이며 나랏돈을 함부로 썼고, 프랑스를 버리고 도망치려 했다는 죄로 사형당했습니다. 오스트리아를 프랑스에 팔아넘기려 하지는 않았습니다.

4 프랑스의 평민들은 매일 굶주림에 시달렸고, 마리 앙투아네트 같은 왕족과 귀족들이 연회를 열며 사치를 일삼는 것에 화가 나서 혁명을 일으켰습니다.

오답 피하기

① 프랑스는 다른 나라의 식민 지배를 받지 않았습니다.
②④ 마리 앙투아네트가 처형 당한 것, 왕과 왕비가 나라를 버리고 도망치려 하다가 붙들린 것은 혁명이 일어난 후의 일입니다.

5 프랑스의 왕비 ① 마리 앙투아네트는 화려한 연회를 즐기며 살았습니다. 먹을 것이 없어 굶주리고 힘들었던 평민들은 이 모습을 보며 화가 났고, ② 프랑스 혁명을 일으켜 나라를 뒤엎었습니다. 평민들은 재판을 열어 왕과 왕비를 처형했습니다.

---

24 황제가 된 천재 전략가 나폴레옹

본문 110~113쪽

독해 학습

1 ④　　　　　　　　　　2 ②

3 ③　　　　　　　　　　4 ④

5 ① 나폴레옹　② 프랑스

어휘 학습

6 (1) ① (2) ② (3) ③　　7 ③

독해 학습

1 나폴레옹에 대해 다루고 있는 글입니다. 나폴레옹은 군인에서 프랑스의 황제 자리까지 올랐던 입지전적 인물입니다.

2 나폴레옹은 영국이 아니라 프랑스 출신의 군인입니다. 알프스를 넘어 적을 공격하는 등 과감한 전략으로 인기를 얻었습니다.

3 프랑스 혁명이 터지자, 프랑스의 이웃 나라들은 자기 나라에서 혁명이 일어나 왕이 죽거나 쫓겨날까 봐 두려웠습니다. 그래서 프랑스로 군대를 보내 혁명을 막으려 했습니다.

4 이 인터뷰에서 나폴레옹은 자신이 이탈리아에 있던 적군을 어떻게 무찌를 수 있었는지 이야기하고 있습니다. 그러므로 기자는 나폴레옹이 어떤 방법으로 이탈리아에 있던 적을 물리칠 수 있었는지 질문했을 것입니다.

5 프랑스의 ① 나폴레옹은 과감하고 뛰어난 전략으로 명성이 자자한 사람이었습니다. 나폴레옹은 험한 알프스산맥을 넘어 적에게 포위된 프랑스군을 구출했고, 이후 유럽 나라들과의 전쟁에서 승리를 거듭하며 영웅으로 칭송받았습니다. 나폴레옹은 훗날 ② 프랑스의 황제로 즉위하며 오늘날까지도 입지전적 인물로 기억되고 있습니다.

25 링컨, 남북전쟁을 승리로 이끌다

본문 114~117쪽

독해 학습

1 ①, ④　　　　　2 ③

3 ①, ④　　　　　4 ②

5 ① 링컨　② 남북전쟁

어휘 학습

6 (1) ①　(2) ③　(3) ②　　7 (1) 단호하다　(2) 희생

독해 학습

1 이 글의 링컨은 미국의 대통령으로 노예 제도에 반대하였고, 북부의 지도자로서 남북전쟁을 승리로 이끈 인물입니다.

2 미국의 남부에는 노예를 부리는 큰 농장이 많았습니다. 그래서 남부 사람들은 노예 제도에 반대하는 링컨을 지지하지 않았습니다.

3 남북전쟁은 노예 제도를 유지하기를 원하는 남부와 폐지하려는 북부 사이에서 일어난 전쟁으로, 북부의 승리로 끝났습니다.

오답 피하기

② 전쟁이 4년 동안이나 계속되면서 20만 명 넘는 사람들이 목숨을 잃는 등 북부의 피해도 컸습니다.

③ 링컨은 노예 제도 폐지를 찬성했습니다. 남북전쟁은 링컨이 미국의 대통령으로 당선되자, 미국 남부가 따로 나라를 세우겠다고 선언하면서 벌어졌습니다.

4 링컨은 전쟁으로 목숨을 잃은 사람들을 추모하는 자리에서 '미국은 모든 사람들이 자유롭고 평등하게 태어났다는 믿음 아래 세워졌다'고 연설했습니다. 이 말을 통해 링컨이 어떤 이유로 노예 제도를 반대했는지 알 수 있습니다.

5 남북전쟁의 영웅 ① 링컨은 미국의 대통령입니다. 링컨은 노예 제도 폐지를 주장했습니다. 이 문제로 미국의 남부와 북부 사이에 ② 남북전쟁이 일어났고, 링컨은 북부군을 이끌어 승리하였습니다. 링컨은 하나의 미국을 지켜내고, 민주주의의 의미를 되새기게 한 인물로 널리 존경받습니다.

26 제너, 세계 최초로 백신을 만들다

본문 120~123쪽

독해 학습

1 ① 천연두　② 종두법　　2 ④

3 ③　　　　　　　　　　4 ②

5 ① 제너　② 백신

어휘 학습

6 (1) ②　(2) ①　(3) ③　　7 ①, ④

독해 학습

1 ① 이 병의 이름은 천연두입니다. 치료제가 없어서 걸리면 대부분 목숨을 잃는 무서운 병입니다.
　② 우두 균을 주사해 천연두를 막는 이 방법을 종두법이라고 합니다. 제너가 종두법을 개발하여 천연두로 죽는 사람이 크게 줄었습니다.

2 제너는 우두를 앓았던 사람에게 천연두 균을 주사하는 실험을 했습니다.

3 제너의 실험 결과 한 번 우두에 걸렸던 사람은 천연두에 걸리지 않는다는 것이 증명되었습니다.

오답 피하기

① 천연두는 우두보다 증상이 강한 병입니다.
② 천연두는 전염력이 매우 강한 병입니다.
④ 천연두는 치료제가 없어서 한번 걸리면 대부분 목숨을 잃게 되는 무서운 병입니다.

4 어렸을 적 우두에 걸렸던 할아버지에게 천연두 균을 주사했지만, 할아버지는 천연두에 걸리지 않았습니다.

5 천연두를 예방하는 방법을 알아낸 ① 제너는 영국의 의사였습니다. 제너는 우두 균을 주사해 천연두를 예방하는 종두법을 개발했습니다. 이것은 최초의 ② 백신이었고, 이후 천연두로 사망하는 사람은 크게 줄었습니다.

어휘 학습

7 '기사회생'은 죽을 뻔한 환자가 되살아나거나, 질 뻔한 팀이 경기에서 이기거나, 망할 뻔한 회사가 되살아나는 등의 상황에서 사용합니다.

27 나이팅게일, 수많은 군인의 목숨을 살리다

본문 124~127쪽

독해 학습

1 ②, ④　　　　　2 ③, ④

3 ④　　　　　　4 ②

5 ① 나이팅게일　② 간호

어휘 학습

6 (1) ③ (2) ① (3) ②　　7 (1) 처참하다 (2) 헌신

독해 학습

1 나이팅게일은 병원을 깨끗하게 하는 등 위생의 중요성을 강조하여 수많은 군인의 목숨을 살린 인물입니다.

2 나이팅게일은 전쟁터 근처의 병원에서 일하며 아픈 군인들을 돌보았고, 병이 나으려면 청결이 아주 중요하다는 것을 증명했습니다.

　오답 피하기

　① 나이팅게일은 영국의 간호사입니다.
　② 나이팅게일은 전쟁터에서 싸운 적은 없습니다.

3 나이팅게일은 환자에게 늘 깨끗한 옷을 입히고, 한 번 사용한 물건은 병균이 옮지 않도록 철저히 소독했습니다.

4 당시에는 전쟁터보다 병원에 도착한 뒤 앓다가 죽는 군인이 훨씬 많았습니다. 병원이 너무 지저분했기 때문에, 수많은 환자들이 더러운 환경에서 세균에 감염되어 죽었습니다.

5 영국의 간호사 ① 나이팅게일은 수많은 환자를 살린 인물입니다. 당시 사람들은 병이 나으려면 깨끗한 환경이 얼마나 중요한지 잘 알지 못했는데, 나이팅게일은 병원의 불결한 환경을 개선해 병사들이 세균에 감염돼 죽는 것을 막았습니다. 나이팅게일은 여왕에게 부탁하여 세계 최초로 ② 간호 전문 학교를 설립하여 더 많은 간호사를 키워내기도 했습니다.

28 다윈, 진화론을 주장하다

본문 128~131쪽

독해 학습

1 ①　　　　　　2 ②

3 ②　　　　　　4 ①

5 ① 다윈　② 진화론

어휘 학습

6 (1) ① (2) ③ (3) ②　　7 (1) ② (2) ①

독해 학습

1 이 글은 진화론을 주장했던 과학자 찰스 다윈에 대해 다루고 있습니다.

2 창조론을 믿었던 대부분의 유럽 사람들은 다윈의 진화론을 비웃었습니다. 하지만 다윈은 아랑곳하지 않고 진화론을 조금씩 발전시켜 나갔습니다.

3 다윈이 진화론을 주장하던 시기에 유럽에는 신이 모든 생물을 지금의 모습으로 창조했다는 '창조론'을 믿는 사람이 많았습니다.

　오답 피하기

　① 갈라파고스 제도는 남아메리카 대륙 근처에 있습니다.
　③ 다윈은 갈라파고스에서 여러 종류의 생물을 수집하고 5년 후 영국으로 돌아왔습니다.
　④ 진화론은 생물이 저마다 처한 환경에 따라 조금씩 모습이 달라진다는 이론입니다.

4 갈라파고스는 육지에서 아주 멀리 떨어진 섬이라서 다윈이 보지 못한 특이한 생물이 많았습니다. 다윈은 새뿐만 아니라 다양한 종류의 생물을 수집하고 관찰했습니다.

5 영국의 생물학자 ① 다윈은 남아메리카의 갈라파고스 제도에서 여러 생물의 표본을 수집했습니다. 그리고 오랜 연구 끝에 ② 진화론을 주장했습니다. 진화론은 모든 생물이 저마다 처한 환경에 맞추어 조금씩 모습이 달라진다는 이론입니다.

어휘 학습

7 (1) 이 문장의 '진화'는 산불을 끈다는 의미로 사용됐습니다.
　(2) 이 문장의 '진화'는 생물의 모습이 먼 옛날부터 변화해 왔다는 의미로 사용됐습니다.

29 비스마르크, 독일을 하나로 통일하다

본문 132~135쪽

독해 학습

1 ③   2 ①, ④

3 (1) X (2) ○ (3) X (4) X 4 ③

5 ① 비스마르크 ② 독일

어휘 학습

6 (1) ③ (2) ② (3) ①   7 ②

독해 학습

1 독일의 재상 비스마르크가 독일을 하나로 통일하고, 뒤이어 독일 발전을 위해 힘쓰는 모습을 담은 글입니다.

2 비스마르크는 독일의 재상으로, 강한 무기와 군사력으로 독일 통일에 앞장선 인물입니다.

오답 피하기

② 독일 제국의 황제가 된 것은 비스마르크가 아니라 프로이센의 왕이었습니다.

③ 비스마르크는 프랑스를 견제했습니다.

3 (1) 프로이센은 프랑스와 전쟁을 벌였습니다.

(3) 프로이센은 상력한 군사력으로 독일을 통일했습니다.

(4) 통일 이후 독일은 주변 나라들과 두루두루 외교 관계를 쌓아 나갔습니다.

4 유럽에서 제일 가는 강대국이었던 프랑스는 주변 나라가 강해지는 게 싫어서 프로이센을 견제했습니다. 비스마르크는 프랑스를 무찔러야 프로이센이 유럽 제일의 나라가 되고, 통일도 이룰 수 있을 거라 생각했습니다.

5 옛날 독일은 여러 나라로 쪼개져 있었습니다. 프로이센의 재상이었던 ① 비스마르크는 강력한 군사력으로 독일 통일에 나섰고, 프랑스와의 전쟁에 승리하면서 ② 독일을 통일하는 데 성공했습니다. 통일 후 독일 제국은 주변 나라와 두루두루 외교 관계를 쌓아 나가며 유럽 최고의 강대국으로 성장했습니다.

어휘 학습

7 '남에게 받은 피해를 그대로 되돌려 줌' 이라는 뜻을 가진 낱말은 '보복'입니다.

30 에디슨, 세계 최고의 발명왕이 되다

본문 136~139쪽

독해 학습

1 ②   2 (1) X (2) ○ (3) X (4) ○

3 ④   4 ①

5 ① 에디슨 ② 전구

어휘 학습

6 (1) ② (2) ① (3) ③   7 (1) 수명 (2) 영감 (3) 실험

독해 학습

1 이 글은 에디슨이 전구를 발명하는 과정을 다루고 있습니다. 에디슨은 전구를 발명하기 위해 1,600번 넘는 실험을 거듭할 정도로 노력을 기울였습니다. 이처럼 에디슨은 오랜 도전 끝에 발명왕이 된 인물입니다.

2 (1) 에디슨은 미국의 발명가입니다.

(3) 에디슨은 전구를 발명하기까지 번번이 실패를 거듭했습니다.

3 이 글의 에디슨은 원하는 것이 이루어질 때까지 끊임없이 시도하여 성공을 이루어 낸 사람이었습니다. 그러므로 에디슨이 말은 끝까지 포기하지 않고 시도하고 노력하는 것이 가장 중요한 성공 비결이라는 의미입니다.

4 이 사진은 에디슨이 발명한 세계 최초의 축음기입니다. 축음기는 소리를 녹음하고 재생하는 기계였습니다. 영화를 재생하는 기계는 영사기라고 합니다.

5 미국의 발명가 ① 에디슨은 수명이 긴 전구를 개발하려 했지만 1,600번 넘게 실패를 거듭했습니다. 하지만 포기하지 않고 노력한 끝에 대나무로 만든 필라멘트를 이용해 무려 1,200시간이나 지속되는 ② 전구를 발명합니다. 이후로도 에디슨은 축음기, 영사기 등 다양한 발명품을 만들었습니다.

역사 놀이터 정답

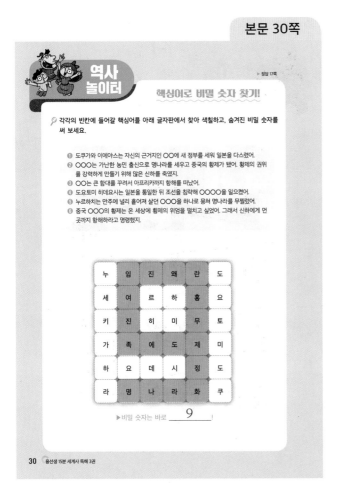

핵심어로 비밀 숫자 찾기!

각각의 빈칸에 들어갈 핵심어를 아래 글자판에서 찾아 색칠하고, 숨겨진 비밀 숫자를 써 보세요.

① 도쿠가와 이에야스는 자신의 근거지인 ○○에 새 정부를 세워 일본을 다스렸어.
② ○○○는 가난한 농민 출신으로 명나라를 세우고 중국의 황제가 됐어. 황제의 권위를 강력하게 만들기 위해 많은 신하를 죽였지.
③ ○○는 큰 함대를 꾸려서 아프리카까지 항해를 떠났어.
④ 도요토미 히데요시는 일본을 통일한 뒤 조선을 침략해 ○○○○을 일으켰어.
⑤ 누르하치는 만주에 널리 흩어져 살던 ○○○을 하나로 뭉쳐 명나라를 무찔렀어.
⑥ 중국 ○○○의 황제는 온 세상에 황제의 위엄을 떨치고 싶었어. 그래서 신하에게 먼 곳까지 항해하라고 명령했지.

▶비밀 숫자는 바로 __9__!

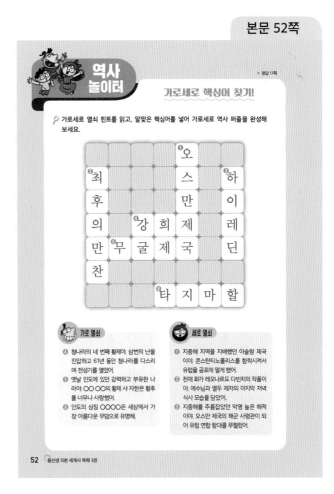

가로세로 핵심어 찾기!

가로세로 열쇠 힌트를 읽고, 알맞은 핵심어를 넣어 가로세로 역사 퍼즐을 완성해 보세요.

가로 열쇠

④ 청나라의 네 번째 황제야. 삼번의 난을 진압하고 61년 동안 청나라를 다스리며 전성기를 열었어.
⑤ 옛날 인도에 있던 강력하고 부유한 나라야. ○○ ○○의 황제 샤 자한은 황후를 너무나 사랑했어.
⑥ 인도의 상징 ○○○○은 세상에서 가장 아름다운 무덤으로 유명해.

세로 열쇠

① 지중해 지역을 지배했던 이슬람 제국이야. 콘스탄티노폴리스를 함락시켜서 유럽을 공포에 떨게 했어.
② 천재 화가 레오나르도 다빈치의 작품이야. 예수님과 열두 제자의 마지막 저녁 식사 모습을 담았어.
③ 지중해를 주름잡았던 악명 높은 해적이야. 오스만 제국의 해군 사령관이 되어 유럽 연합 함대를 무찔렀어.

핵심어로 보물 상자 찾기!

길을 따라가며 둘 중 설명에 맞는 핵심어에 ○표 하고, 표시한 핵심어에 그려진 보물 상자의 개수를 모두 더해 보세요.

▶ 찾은 보물 상자는 모두 __8__ 개!

미로 탈출하며 핵심어 찾기!

아이들이 용선생을 만나러 가는 길에 본 핵심어를 순서대로 빈칸에 써 보세요. 그리고 핵심어에 알맞은 설명을 찾아 연결해 보세요.

의 핵심어 __아스테카__ — 프랑스의 궁전. 유럽에서 가장 아름답고 화려하기로 유명했어.

의 핵심어 __표트르__ — 러시아의 ○○○ 1세는 러시아와 외국을 잇는 항구를 건설하기로 했어.

의 핵심어 __베르사유__ — 아메리카 대륙에 있던 원주민의 제국. 에스파냐의 탐험가 코르테스의 공격을 받고 멸망했어.

역사 놀이터

핵심어 찾기 대작전!

▶ 정답 18쪽

각각의 빈칸에 들어갈 핵심어를 아래 글자판에서 찾아 동그랗게 묶고 해당 번호를 써 보세요.

❶ 프랑스 출신의 천재 전략가야. 전투마다 승리를 거듭해 온 유럽을 무릎 꿇리고 프랑스의 황제가 되었어.
❷ 프랑스의 왕비 마리 ○○○○○는 화려한 파티를 즐겼지만, 분노한 민중들에게 처형당하고 말았어.
❸ ○○○○○ 2세는 남편을 내쫓고 러시아의 황제가 되었어.
❹ 미국의 첫 번째 대통령 조지 ○○○은 영국에 맞서 미국 독립 전쟁을 승리로 이끈 사람이야.
❺ 미국 남부 사람들이 노예 제도 폐지에 반발하면서 ○○○○이 벌어졌어.
❻ 먹고살기 어려웠던 프랑스의 평민들은 무기를 잡고 일어나 ○○○ ○○을 일으켰어.

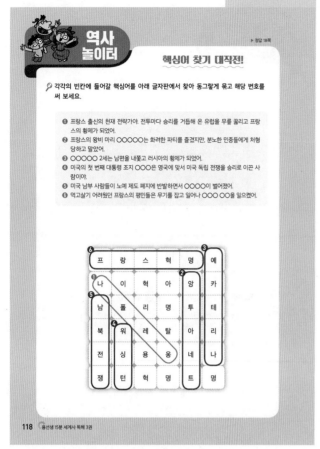

역사 놀이터

핵심어로 사다리 타기!

▶ 정답 18쪽

번호 순서대로 사다리를 타고 내려가세요. 설명에 맞는 핵심어이면 O표, 틀린 핵심어이면 X표에서 다시 사다리를 타서 세 자리 비밀번호를 순서대로 써 주세요.

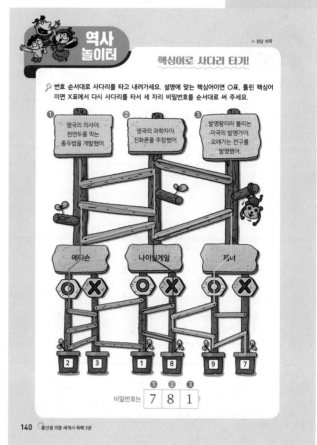

사회평론

세계사와
독해력을
한 번에!

용선생 15분
세계사 독해

★ 120명의 인물 이야기로 다지는 세계사 기초!

★ 매일 15분!
초등 비문학 독해력 향상!

★ 중학 역사 교과서 연계!

글 사회평론 역사연구소 외 | 그림 뭉선생 외 | 캐릭터 이우일

전 4권

1권 고대편   2권 중세편   3권 근대편   4권 근·현대편

세계사와 독해력을 한번에 잡는다!

1 인물로 다지는 세계사 기초!

중학교 들어가면 세계사를 배우잖아요.
세계사를 시작해야 하는 초등 고학년에게 이 교재를 강력 추천합니다!
흥미로운 인물 이야기로 부담 없이 세계사 전체를 훑어볼 수 있어요.

강가애 선생님 (반포 <생각의 탄생> 원장) ★ ★ ★ ★ ★

2 비문학 독해력 향상!

아이가 동화책만 읽어서 고민했는데
이 교재는 비문학인데도 이야기체라서 술술 읽었어요.
독해 문제도 풀고 어휘까지 꼼꼼히 챙기니 비문학 독해에 자신감이 생겼어요.

초등 4학년 학부모 김O은 ★ ★ ★ ★ ★

3 배경지식 확장!

아이가 호기심이 생겼는지 "다음 이야기가 궁금해! 찾아볼래!"라고 했어요.
이 책은 다양한 분야의 인물을 통해 폭넓은 배경지식을 얻을 수 있는
좋은 교재란 생각이 들어요.

초등 5학년 학부모 최O선 ★ ★ ★ ★ ★

4 자기 주도 학습 능력 신장!

공부할 때 산만하던 아이가 시키지 않아도 매일 15분씩 혼자 쭉쭉 풀었어요.
"더 하면 안 돼? 너무 재밌어!"라고 하더라고요.
책상에 앉아서 첫 공부를 이걸로 하니까 학습 습관이 잡혔어요.

초등 3학년 학부모 임O현 ★ ★ ★ ★ ★

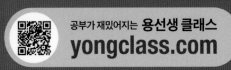
공부가 재밌어지는 **용선생 클래스**
yongclass.com

	초등학교
학년 반 번	
이름